KB181439

3rd Edition

Complete Guide to the TOPIK I

Basic

Written by	Seoul Korean Language Academy
Translated by	Kim Jee-eun, Jamie Lypka
First Published	April, 2022
2nd Published	March, 2024
Publisher	Chung Kyudo
Editors	Lee Suk-hee, Kim Sook-hee, Baek Da-heuin
Cover Design	Yoon Ji-young
Interior Design	Yoon Ji-young, Park Eun-bi
Proofread by	Ryan Paul Lagace, Jamie Lypka
Illustrated by	AFEAL
Voice Actors	Shin So-yun, Kim Rae-whan

DARAKWON
Darakwon Bldg., 211 Munbal-ro, Paju-si,
Gyeonggi-do, 10881 Republic of Korea
Tel: 82-2-736-2031 Fax: 82-2-732-2037
(Sales Dept. ext.: 250~252 Book Publishing Dept. ext.: 420~426)

ISBN: 978-89-277-3291-4 14710
978-89-277-3290-7 (set)

http://www.darakwon.co.kr
http://koreanbooks.darakwon.co.kr

Visit the Darakwon homepage to learn about our other publications and promotions and to download the contents of the book in MP3 format.

3rd Edition

Complete Guide to the TOPIK I

Basic

DARAKWON

서문

최근 K-Pop, K-Movie, K-Drama, K-Beauty 등 K로 표현되는 한국의 모든 것이 전 세계에 전해지면서 한국을 이해하고 한국어를 배우려는 열기가 곳곳에서 뜨겁게 달아오르고 있습니다. 그리고 자신의 한국어 실력을 점검하기 위해 TOPIK 시험에 응시하는 외국인의 숫자 역시 해를 거듭할수록 가파르게 증가하고 있습니다.

이러한 추세에 발맞춰 TOPIK의 문제 형식과 내용이 계속해서 바뀌고 있어서 응시자들이 시험에 적응하고 준비하는 것이 쉽지 않습니다. 오랜 시간 한국어 교육을 해 온 저희 저자진은 2009년에 "Complete Guide to the TOPIK"을 첫 출간하고, 2014년에 새로운 출제 유형에 따른 개정판 "Complete Guide to the TOPIK (New Edition)"을 다시 출간했습니다. 이번에도 새로운 TOPIK 출제 유형에 맞춘 "Complete Guide to the TOPIK (3rd Edition)"을 출간하여 학습자가 TOPIK 시험 준비를 더욱 더 완벽하게 할 수 있도록 했습니다.

"Complete Guide to the TOPIK (3rd Edition)"은 새로운 문제 유형을 분류하고 그 유형별 풀이 전략을 설명하여 학습자가 답을 찾아가는 과정이 좀 더 쉬워지도록 안내하고 있습니다. 아울러 새로운 어휘들을 보강하여 학습자가 정확하고 풍부한 어휘력을 기를 수 있게 했습니다. 특히 이번 3rd Edition에서는 토픽 시험에 대한 개요 및 각 영역별 유형 전략을 소개하는 특강을 마련하여 학습자가 TOPIK 시험에 대해 더 깊이 이해할 수 있도록 했습니다. 교재의 연습 문제와 실전 모의고사를 풀어 보고 동영상 강의 수강을 통해 시험에 대한 이해를 높인다면 금세 TOPIK 고득점에 다다를 수 있을 것입니다.

학습자 여러분들이 이 책을 통해 차근차근 TOPIK 시험을 준비해 나가다 보면, 어느 순간 시험 성적뿐만 아니라 실생활에서의 한국어 사용과 듣기 능력이 눈에 띄게 향상된 것을 실감하실 거라고 확신합니다. 부디 이 책이 학습자의 TOPIK 준비에 충실한 길잡이 역할이 되었으면 좋겠습니다. 한국어 학습에 대한 여러분의 열정에 감사드리며, 좋은 결과가 있기를 응원합니다. 책을 만드는 데 함께 애써 주신 이지운 선생님과 다락원의 한국어출판부 편집진께 감사드립니다.

김진애
서울한국어아카데미 원장

Preface

Recently, as expressions with K, such as K-Pop, K-Movies, K-Dramas, and K-Beauty, spread across the entire globe, a passion for understanding Korea and learning Korean is heating up everywhere. And as expected, the number of foreigners who are taking the TOPIK exam to check on their Korean language skills is increasing steeply over the years.

In line with these trends, the question types and content of the TOPIK exam continue to change, making it difficult for test takers to adapt to and prepare for the test. Our authors, who have been teaching Korean language for a long time, first published "Complete Guide to the TOPIK" in 2009, and re-published "Complete Guide to the TOPIK (New Edition)" in 2014, a revised version that followed the new question types. This time, we've published "Complete Guide to the TOPIK (3rd Edition)," tailored to the newest TOPIK question types, in order for learners to be able to more perfectly prepare for the TOPIK exam.

"Complete Guide to the TOPIK (3rd Edition)" classifies the new question types and explains strategies for solving them by type so that the task of finding the correct answers becomes easier for learners. In addition, new vocabulary is reinforced so that learners can develop a precise and rich vocabulary. In particular, in this 3rd Edition, we've prepared special lectures introducing an overview and strategies for each section of the test so that learners can understand the TOPIK exam in greater depth. By solving the practice questions and mock tests in the textbook, and by improving their understanding of the exam by watching the lecture videos, learners will quickly be able to reach a high score.

As you prepare for the TOPIK exam step by step through this book, I am certain that at some point, you will notice that not only your test scores but your listening skills and use of Korean have noticeably improved. I hope that this book can serve as a faithful guide in learners' TOPIK preparations. I thank you for your passion for learning Korean, and I wish you good results. I also give my thanks to Lee Ji-woon, who worked hard to make this book with me, and to the editors of the Korean Book Publishing Department at Darakwon.

Kim Jin-ae
Seoul Korean Language Academy

이 책의 구성 및 활용

이 책은 한국어능력시험(TOPIK)에 응시하는 학생들의 준비 학습을 위해 만들어졌다. Part 1, 2, 3의 세 부분으로 구성되어 있으며, 기출문제 유형 분석을 통해 각 문제의 특징과 성격을 이해한 후 연습 문제와 실전 모의고사를 풀어 보며 실제 시험에 대비할 수 있도록 하였다. MP3 파일과 저자 직강의 무료 특강은 QR 코드나 홈페이지를 통해 확인할 수 있으며, 이를 활용하여 실전 감각을 익히고, 토픽 문제 이해도를 높일 수 있다.

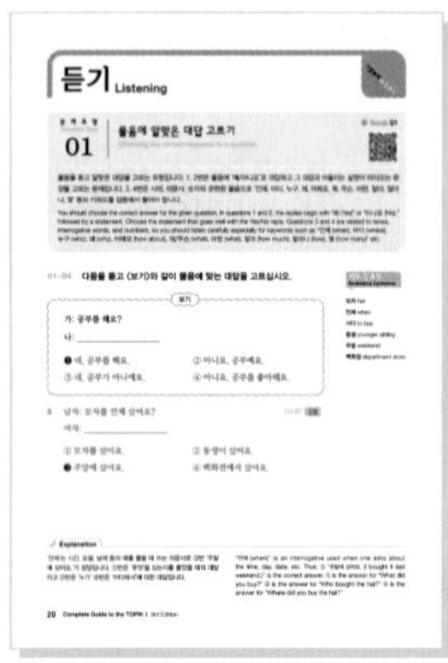

Part 1 은 기존에 출제되었던 문제 중 자주 출제된 핵심 유형 문제를 선별하여 각각의 유형에 대해 분석하고 핵심 풀이 전략과 해설을 제시하였다. 뿐만 아니라 문제에 나오는 어휘를 제시하고 그 어휘와 관련 있는 보충 어휘도 수록하여 어휘의 폭을 넓히는 데 도움이 되도록 하였다.

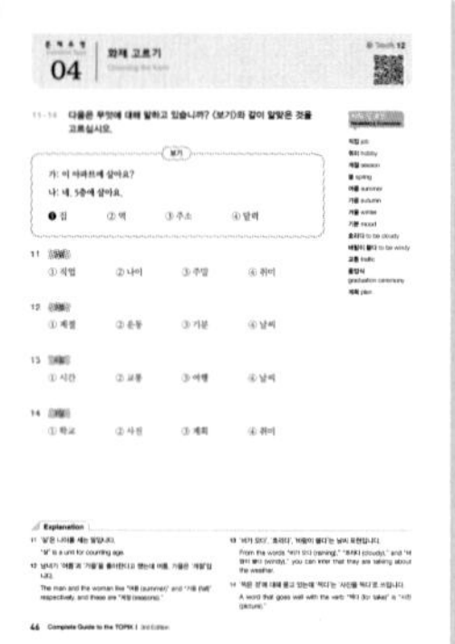

Part 2 는 Part 1에서 소개된 핵심 유형 외에 한국어능력시험 전반에 걸친 문제의 유형을 분석하여 그에 따른 문제를 출제하고 각 문제의 풀이 전략을 제시하여 전체적인 시험 경향을 파악할 수 있도록 하였다. 이번 개정판에서는 연습 문제에서도 어휘를 함께 제시하여 공부할 수 있도록 하였다.

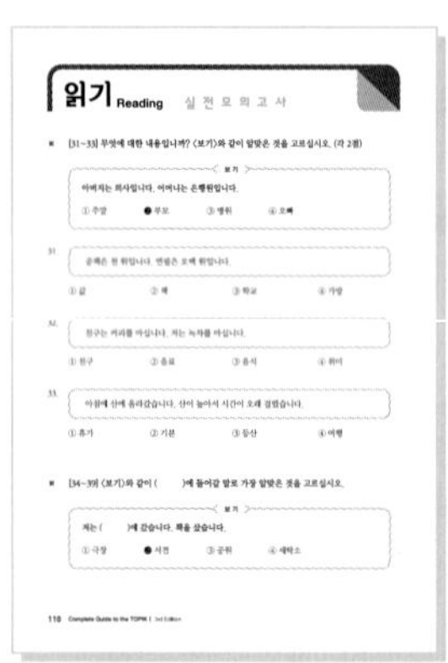

Part 3 는 2회 분의 모의고사를 통해 실전 경험을 미리 해 볼 수 있도록 구성하였다. 이 모의고사를 통해 자신의 실력을 사전 진단해 보고 부족한 부분을 확인할 수 있어 시험 시간을 안배하는 등 시험 전략을 짜는 데 큰 도움이 될 것이다.

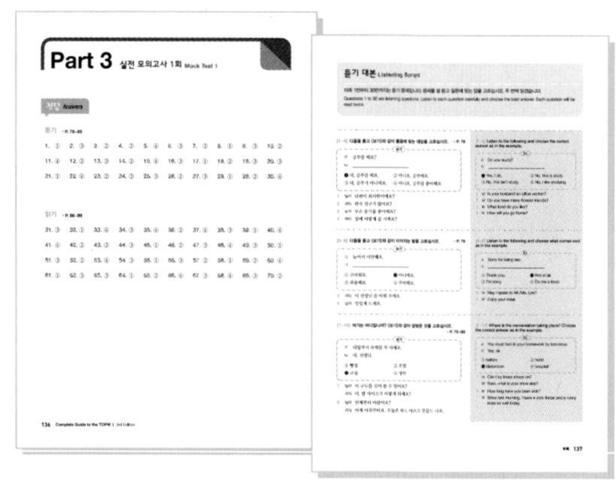

정답 및 해설 이 책의 부록에서는 연습 문제와 실전 모의고사의 정답과 해설을 확인할 수 있으며, 특히 듣기와 읽기 지문의 영어 번역을 함께 수록하여 학습자들의 이해를 높이도록 했다. 또한 이번 개정판에서 보다 풍부한 문제 해설과 문법 및 어휘 설명을 담아 학습자들의 시험 대비에 큰 도움이 되도록 하였다.

How to Use This Book

This book was written for students preparing for the TOPIK. It consists of Parts 1, 2 and 3, and students can prepare for the actual test by analyzing the patterns of TOPIK questions that have appeared on previous tests, understanding the characteristics of each question, and then solving practice questions and taking mock tests. Students can also access MP3 files and free special lectures by the author via QR code or our homepage, and use these to gain practical experience and enhance their understanding of TOPIK questions.

Part 1 selectively introduces the main question types that frequently appeared on the previous tests, analyzes their patterns, and presents key strategy solutions and explanations. In addition, it presents not only the words that appeared in the questions but also related supplemental ones, helping test-takers expand their knowledge of vocabulary.

Part 2 analyzes question types other than the core patterns already introduced in Part 1, providing a more comprehensive picture of TOPIK question trends to students by suggesting strategies to solve each question. In this revised edition, vocabulary is also provided for practice questions.

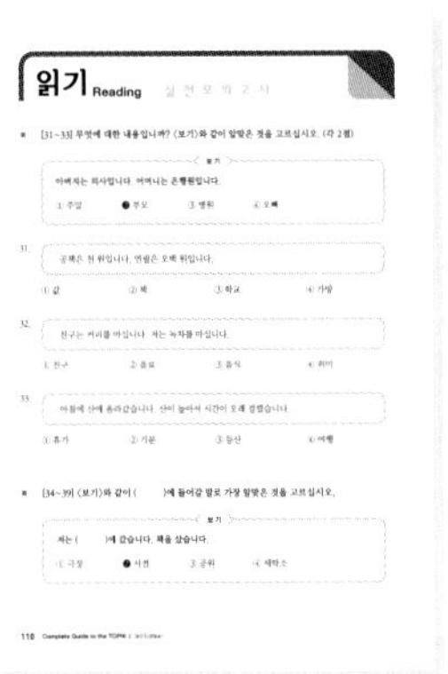

Part 3 provides students with a real test simulation through two mock test sets. These mock tests will help students measure their ability in advance to identify areas that require more attention than others, enabling them to establish test-taking strategies such as proper time allocation.

Answers & Explanations In the appendix of the book, you can check out the answers and explanations for the practice questions and mock tests. Note that an English translation for the listening and reading scripts is provided for better understanding. In addition, this revised edition provides a wealth of explanatory notes and grammar and vocabulary explanations to help learners prepare for TOPIK.

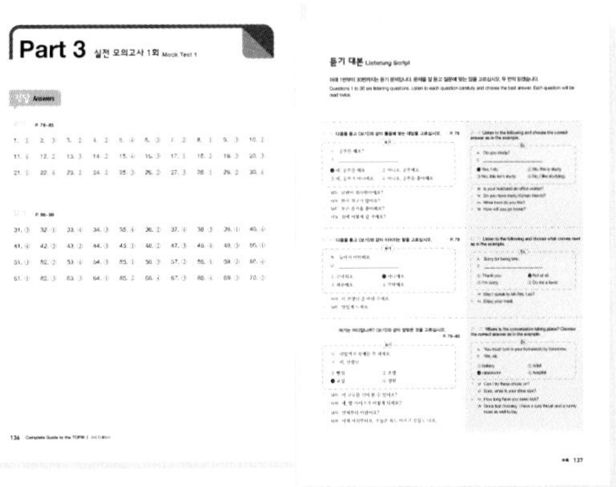

차례 Contents

부록 Appendix

한국어능력시험 TOPIK 안내

1. 시험의 목적

- 한국어를 모국어로 하지 않는 외국인 및 재외 동포의 한국어 학습 방향 제시 및 한국어 보급 확대
- 한국어 사용 능력을 측정 · 평가하여 그 결과를 유학 및 취업 등에 활용

2. 응시 대상

한국어를 모국어로 하지 않는 재외 동포 및 외국인으로서

- 한국어 학습자 및 국내외 대학 유학 희망자
- 국내외 한국 기업체 및 공공 기관 취업 희망자
- 외국 학교 재학 중이거나 졸업한 재외국민

3. 유효 기간

성적 발표일로부터 2년간 유효

4. 시험 주관 기관

교육부 국립국제교육원

5. 시험의 활용처

- 외국인 및 재외동포의 국내 대학(원) 입학 및 졸업
- 국내/외 기업체 및 공공기관 취업
- 영주권/취업 등 체류 비자 취득
- 정부 초청 외국인 장학생 프로그램 진학 및 학사 관리
- 국외 대학의 한국어 관련 학과 학점 및 졸업 요건

6. 시험 시간표

구분	교시	영역	한국			시험 시간 (분)
			입실 완료 시간	시작	종료	
TOPIK I	1교시	듣기 읽기	09:20까지	10:00	11:40	100
TOPIK II	1교시	듣기 쓰기	12:20까지	13:00	14:50	110
	2교시	읽기	15:10까지	15:20	16:30	70

※ TOPIK I 은 1교시만 실시합니다.

※ 해외 시험 시간은 현지 접수 기관에 문의하시기 바랍니다.

7. 시험 시기

- 연 6회 시험 실시
- 지역별 · 시차별 시험 날짜 상이

8. 시험의 수준 및 등급

- 시험 수준: TOPIK I, TOPIK II
- 평가 등급: 6개 등급 (1~6급)
- 획득한 종합 점수를 기준으로 판정되며, 등급별 분할 점수는 아래와 같습니다.

구분	TOPIK I		TOPIK II			
	1급	2급	3급	4급	5급	6급
등급 결정	80 ~ 139	140 ~ 200	120 ~ 149	150 ~ 189	190 ~ 229	230 ~ 300

※ 35회 이전 시험 기준으로 TOPIK I 은 초급, TOPIK II 는 중 · 고급 수준입니다.

9. 문항 구성

(1) 수준별 구성

구분	교시	영역 (시간)	유형	문항 수	배점	총점
TOPIK I	1교시	듣기 (40분)	선택형	30	100	200
		읽기 (60분)	선택형	40	100	
TOPIK II 등급 결정	1교시	듣기 (60분)	선택형	50	100	300
		쓰기 (50분)	서답형	4	100	
	2교시	읽기 (70분)	선택형	50	100	

(2) 문제 유형

- 선택형 문항 (4지선다형)
- 서답형 문항 (쓰기 영역)
  - 문장 완성형 (단답형): 2문항
  - 작문형: 2문항 (200~300자 정도의 중급 수준 설명문 1문항, 600~700자 정도의 고급 수준 논술문 1문항)

10. 쓰기 영역 작문 문항 평가 범주

문항	평가 범주	평가 내용
51-52	내용 및 과제 수행	- 제시된 과제에 맞게 적절한 내용으로 썼는가?
	언어 사용	- 어휘와 문법 등의 사용이 정확한가?
53-54	내용 및 과제 수행	- 주어진 과제를 충실히 수행하였는가? - 주제에 관련된 내용으로 구성하였는가? - 주어진 내용을 풍부하고 다양하게 표현하였는가?
	글의 전개 구조	- 글의 구성이 명확하고 논리적인가? - 글의 내용에 따라 단락 구성이 잘 이루어졌는가? - 논리 전개에 도움이 되는 담화 표지를 적절하게 사용하여 조직적으로 연결하였는가?
	언어 사용	- 문법과 어휘를 다양하고 풍부하게 사용하며 적절한 문법과 어휘를 선택하여 사용하였는가? - 문법, 어휘, 맞춤법 등의 사용이 정확한가? - 글의 목적과 기능에 따라 격식에 맞게 글을 썼는가?

11. 문제지의 종류: 2종 (A · B형)

종류	A형	B형
시행 지역	미주 · 유럽 · 아프리카 · 오세아니아	아시아
시행 요일	토요일	일요일

12. 등급별 평가 기준

시험 수준	등급	평가 기준
TOPIK I	1급	– '자기소개하기, 물건 사기, 음식 주문하기' 등 생존에 필요한 기초적인 언어 기능을 수행할 수 있으며 '자기 자신, 가족, 취미, 날씨' 등 매우 사적이고 친숙한 화제에 관련된 내용을 이해하고 표현할 수 있다. – 약 800개의 기초 어휘와 기본 문법에 대한 이해를 바탕으로 간단한 문장을 생성할 수 있다. – 간단한 생활문과 실용문을 이해하고, 구성할 수 있다.
	2급	– '전화하기, 부탁하기' 등의 일상생활에 필요한 기능과 '우체국, 은행' 등의 공공시설 이용에 필요한 기능을 수행할 수 있다. – 약 1,500~2,000개의 어휘를 이용하여 사적이고 친숙한 화제에 관해 문단 단위로 이해하고 사용할 수 있다. – 공식적 상황과 비공식적 상황에서의 언어를 구분해 사용할 수 있다.
TOPIK II	3급	– 일상생활을 영위하는 데 별 어려움을 느끼지 않으며, 다양한 공공시설의 이용과 사회적 관계 유지에 필요한 기초적 언어 기능을 수행할 수 있다. – 친숙하고 구체적인 소재는 물론, 자신에게 친숙한 사회적 소재를 문단 단위로 표현하거나 이해할 수 있다. – 문어와 구어의 기본적인 특성을 구분해서 이해하고 사용할 수 있다.
	4급	– 공공시설 이용과 사회적 관계 유지에 필요한 언어 기능을 수행할 수 있으며, 일반적인 업무 수행에 필요한 기능을 어느 정도 수행할 수 있다. – 또한 '뉴스, 신문 기사' 중 평이한 내용을 이해할 수 있다. 일반적인 사회적 · 추상적 소재를 비교적 정확하고 유창하게 이해하고, 사용할 수 있다. – 자주 사용되는 관용적 표현과 대표적인 한국 문화에 대한 이해를 바탕으로 사회 · 문화적인 내용을 이해하고 사용할 수 있다.
	5급	– 전문 분야에서의 연구나 업무 수행에 필요한 언어 기능을 어느 정도 수행할 수 있다. – '정치, 경제, 사회, 문화' 전반에 걸쳐 친숙하지 않은 소재에 관해서도 이해하고 사용할 수 있다. – 공식적, 비공식적 맥락과 구어적, 문어적 맥락에 따라 언어를 적절히 구분해 사용할 수 있다.
	6급	– 전문 분야에서의 연구나 업무 수행에 필요한 언어 기능을 비교적 정확하고 유창하게 수행할 수 있다. – '정치, 경제, 사회, 문화' 전반에 걸쳐 친숙하지 않은 주제에 관해서도 이용하고 사용할 수 있다. – 원어민 화자의 수준에는 이르지 못하나 기능 수행이나 의미 표현에는 어려움을 겪지 않는다.

13. 성적 발표 및 성적 증명서 발급

(1) 성적 발표 및 성적 확인 방법

홈페이지 (www.topik.go.kr) 접속 후 확인

※ 홈페이지에 접속하여 성적을 확인할 경우 시험 회차, 수험 번호, 생년월일이 필요합니다.

※ 해외 응시자도 홈페이지 (www.topik.go.kr)를 통해 자기 성적 확인이 가능합니다.

(2) 성적 증명서 발급 대상

부정 행위자를 제외하고 합격·불합격 여부에 관계없이 응시자 전원에게 발급

(3) 성적 증명서 발급 방법

※ 인터넷 발급 TOPIK 홈페이지 성적 증명서 발급 메뉴를 이용하여 온라인 발급 (성적 발표 당일 출력 가능)

14. 접수 방법

(1) 원수 접수 방법

구분	개인 접수	단체 접수
한국	개인별 인터넷 접수	단체 대표자에 의한 일괄 접수
해외	해외 접수 기관 방침에 의함.	

※ 접수 시 필요한 항목: 사진, 영문 이름, 생년월일, 시험장, 시험 수준

(2) 응시료 결제

구분	주의사항
신용 카드	국내 신용 카드만 사용 가능
실시간 계좌 이체	외국인 등록 번호로 즉시 결제 가능 ※ 국내 은행에 개설한 계좌가 있어야 합니다.
가상 계좌 (무통장 입금)	본인에게 발급 받은 가상 계좌로 응시료 입금 지원자마다 계좌 번호를 서로 다르게 부여하기 때문에 타인의 가상 계좌로 입금할 경우 확인이 불가능하므로 반드시 본인 계좌 번호로만 입금해야 함. – 은행 창구에서 직접 입금 – ATM, 인터넷 뱅킹, 폰뱅킹 시 결제 확인 필수 – 해외 송금 불가

15. 시험 당일 응시 안내

홈페이지 (**www.topik.go.kr**) 접속 후 확인

TOPIK (Test of Proficiency in Korean) Guidelines

1. Objective of the TOPIK

- This examination aims to set a proper Korean language-learning path for overseas Koreans and foreigners who do not speak Korean as their mother tongue and to promote the use of the Korean language.
- TOPIK scores can also be used for local university applications as well as for employment purposes.

2. TOPIK Target Test Takers

Overseas Koreans and foreigners who do not speak Korean as their mother tongue
- Those learning the Korean language and those with the intention of applying to local universities
- Those who intend to join/work for domestic/overseas Korean companies and public organizations
- Koreans who studied at or graduated from schools overseas

3. Validity

Valid for two (2) years after the announcement of the examination results

4. Administrator

National Institute for International Education (NIIED), Ministry of Education

5. Benefits of TOPIK

- Serving as admission and graduation standard for universities in Korea
- Applying for companies and public institutions in Korea and abroad
- Meeting requirements to obtain visas for permanent residency, employment, etc.
- Taking courses under the Global Korean Scholarship (GKS) Program
- Serving as substitute credits and graduation requirements for Korean majors at overseas universities

6. Examination Timetable

Exam	Period	Areas Tested	Korea			Length of Exam (minutes)
			Entry Time	Start	End	
TOPIK I	1st period	Listening, reading	By 09:20	10:00	11:40	100
TOPIK II	1st period	Listening, writing	By 12:20	13:00	14:50	110
	2nd period	Reading	By 15:10	15:20	16:30	70

Note: TOPIK 1 consists of only one period. Please contact your local application center regarding TOPIK dates and times.

7. Testing Schedule

- 6 times per year (Korea)
- Exam dates differ by region and time zone.

8. Levels and Grades of Examination

- Levels of examination: TOPIK I, TOPIK II
- Evaluation grades: 6 grades (1st to 6th)
- The evaluation is based on the total score earned, and the cut-off scores by grades are as follows:

Type*	TOPIK I		TOPIK II			
	1st Grade	2nd Grade	3rd Grade	4th Grade	5th Grade	6th Grade
Determination of grade	80 - 139	140 - 200	120 - 149	150 - 189	190 - 229	230 - 300

* Based on the difficulty level before the 35th examination, TOPIK I is the basic level test and TOPIK II is the intermediate/advanced level test.

9. Structure of Questions

(1) Structure by Difficulty Level

Examination Level	Period	Area Tested (length of exam)	Question Type	Number of Questions	Points	Total Points
TOPIK I	1st period	Listening (40 minutes)	Multiple-choice questions	30	100	200
		Reading (60 minutes)	Multiple-choice questions	40	100	
TOPIK II	1st period	Listening (60 minutes)	Multiple-choice questions	50	100	300
		Writing (50 minutes)	Subjective questions	4	100	
	2nd period	Reading (70 minutes)	Multiple-choice questions	50	100	

(2) Question Types

- Multiple-choice question (selecting 1 answer among the 4 given choices)
- Subjective questions (writing section)
• Complete-the-sentence questions (short answers): 2 questions
• Essay: 2 questions (one intermediate-level question requiring a response of about 200 to 300 characters and one advanced-level question requiring a response of about 600 to 700 characters)

10. Evaluation of Writing Section:

Questions	Evaluation Category	Specific Criteria
51-52	Content and task execution	- Are the written contents suitable for the presented task?
	Use of language	- Are the vocabulary, words, etc. correct?

53-54	Content and task execution	- Has the given task been performed adequately? - Is the related writing rich in content? - Is it constructed in a diversified way?
	Development structure	- Is the writing structure clear and logical, and is the key idea conveyed well? - Is the writing well structured based on the given topic? - Are discourse markers used properly in order to logically develop the argument?
	Use of language	- Are vocabulary, grammar, etc. used correctly and in a diversified way? - Are the grammar structures, choice of vocabulary, and spelling correct? - Is the writing written in the correct level of formality according to the purpose and function of the text?

11. Exam Types: 2 types (Type A, Type B)

Type	A	B
Exam Region	Ameriacas, Europe, Africa, Oceania	Asia
Day of Exam	Saturday	Sunday

12. Evaluation Standards by Grade

Examination Level	Grade	Evaluation Criteria
TOPIK I	1st grade	- Able to carry out basic conversations related to daily survival skills, self-introduction, purchasing things, ordering food, etc., and can understand contents related to very personal and familiar subjects, such as the student themself, family, hobbies, weather, etc. - Able to create simple sentences based on about 800 basic vocabulary words and possess an understanding of basic grammar - Able to understand and compose simple and useful sentences related to everyday life
	2nd grade	- Able to carry out simple conversations related to daily routines, such as making phone calls and asking favors, as well as using public facilities in daily life. - Able to use about 1,500 to 2,000 vocabulary words and can understand the natural order of sentences on personal and familiar subjects. - Able to use formal and informal expressions depending on the situation.
TOPIK II	3rd grade	- Able to perform basic linguistic functions necessary to use various public facilities and to maintain social relationships without experiencing significant difficulty in routine life. - Able to carry out a daily routine with fair use of public facilities and able to socialize without significant difficulty. - Able to express or understand social subjects familiar to the student themself, as well as specific subjects, based on paragraphs. Able to understand and use written and spoken language based on its basic, distinctive characteristics.
	4th grade	- Able to use various public facilities and maintain social relationships and can carry out, to some degree, the functions necessary for the performance of ordinary work. - Able to understand easy parts of news broadcasts and newspapers and can understand and use expressions related to social and abstract subjects relatively correctly and fluently. - Able to understand social and cultural subjects based on an understanding of Korean culture and frequently used idiomatic expressions.
	5th grade	- Able to perform, to some degree, linguistic functions which are necessary for research and work in professional fields. - Able to understand and use expressions related to even unfamiliar aspects of politics, economics, society, and culture. - Able to use expressions properly depending on formal, informal, and spoken/written context.

TOPIK II	6th grade	- Able to perform linguistic functions necessary to do research and work in professional fields relatively correctly and fluently. - Able to understand and use expressions related to even unfamiliar subjects of politics, economics, society, and culture. - Experiences no difficulty performing functions or conveying meanings although proficiency has not reached full native speaker proficiency.

13. Announcement of Examination Results & Issuance of Score Report

(1) Checking Examination Results

Log on to the website (www.topik.go.kr) to check the results and status of the score report.

- The number of the examination, the candidate's seat number, and the candidate's date of birth are required to check the results via the website.
- Overseas examinees can also check their score via the same website.

(2) Issuance of Score Report

With the exception of cases of fraud, regardless of whether the candidate attains a level or not, a score report is issued to all candidates.

(3) Methods of Issuing the Score Report

Online:

- The score report can be printed online by using the score report issuance menu on the TOPIK website (available from the day the results are announced).

Postal Mail:

- The score report will be sent to those in Korea three days after the examination results are announced.
- Please note that delivery is not guaranteed because the score report is sent via ordinary mail.

14. Procedure for Examination Application

(1) Procedure for Application

Location	Individual Application	Collective Application
Korea	Acceptance of individual online applications	Acceptance of collective applications made by the representative of a concerned group
Overseas	Depends on the policy of designated overseas organizations that accept applications	

Please note that a photo and the following information are required for the application: English name, date of birth, examination venue, and examination level

(2) Payment Method for Application Fee

Type	Individual Application
Credit card	Only domestic credit cards can be used.
Real-time account transfer	Payment can be made immediately based on alien registration number. Please note that a domestic bank account number is required.
Virtual account (deposit without a bankbook)	The application fee must be deposited in the unique virtual account issued to the applicant. The applicant should deposit this amount in the designated bank account only, as amounts deposited into virtual accounts issued to other applicants cannot be verified. - Deposit can be made directly at a bank. - In case of payment via ATM, internet banking, or phone banking, the applicant should verify the payment as necessary. - Overseas remittance is not allowed.

15. Further Guidance on the Examination

Please refer to the website **www.topik.go.kr.**

PART 1

기출문제 유형 분석

Review & Analysis of
Previous TOPIK Questions

3rd Edition

듣기 Listening

읽기 Reading

듣기 Listening

문제 유형
Question Type
01

물음에 알맞은 대답 고르기
Choosing the correct response to a question

물음을 듣고 알맞은 대답을 고르는 유형입니다. 1, 2번은 물음에 '예/아니요'로 대답하고 그 대답과 어울리는 설명이 따라오는 문장을 고르는 문제입니다. 3, 4번은 시제, 의문사, 숫자와 관련된 물음으로 '언제, 어디, 누구, 왜, 어때요, 뭐, 무슨, 어떤, 얼마, 얼마나, 몇' 등의 키워드를 집중해서 들어야 합니다.

You should choose the correct answer for the given question. In questions 1 and 2, the replies begin with "예 (Yes)" or "아니요 (No)," followed by a statement. Choose the statement that goes well with the Yes/No reply. Questions 3 and 4 are related to tense, interrogative words, and numbers, so you should listen carefully especially for keywords such as "언제 (when), 어디 (where), 누구 (who), 왜 (why), 어때요 (how about), 뭐/무슨 (what), 어떤 (what), 얼마 (how much), 얼마나 (how), 몇 (how many)" etc.

01~04 **다음을 듣고 〈보기〉와 같이 물음에 맞는 대답을 고르십시오.**

보기

가: 공부를 해요?

나: ______________

❶ 네, 공부를 해요. ② 아니요, 공부예요.

③ 네, 공부가 아니에요. ④ 아니요, 공부를 좋아해요.

3 남자: 모자를 언제 샀어요? [52회] 3점

여자: ______________

① 모자를 샀어요. ② 동생이 샀어요.

❸ 주말에 샀어요. ④ 백화점에서 샀어요.

어휘 및 표현
Vocabulary & Expressions

모자 hat
언제 when
사다 to buy
동생 younger sibling
주말 weekend
백화점 department store

Explanation

'언제'는 시간, 요일, 날짜 등의 때를 물을 때 쓰는 의문사로 ③번 '주말에 샀어요.'가 정답입니다. ①번은 '무엇'을 샀는지를 물었을 때의 대답이고 ②번은 '누가' ④번은 '어디에서'에 대한 대답입니다.

"언제 (when)" is an interrogative used when one asks about the time, day, date, etc. Thus, ③ "주말에 샀어요. (I bought it last weekend.)" is the correct answer. ① is the answer for "What did you buy?" ② is the answer for "Who bought the hat?" ④ is the answer for "Where did you buy the hat?"

문제유형 Question Type **02**

이어지는 말 고르기

Choosing the best response

Track 02

두 사람의 대화에서 첫 번째 사람의 말을 듣고 뒤에 이어질 대답을 고르는 유형입니다. 일상생활에서 자주 쓰이는 대화가 나오므로 앞 사람의 말에 적절하게 대답할 수 있는 표현을 기억하는 것이 좋습니다. 예를 들어, '가'가 '생일 축하해요.'라고 했으면 '나'는 '감사합니다.'로 대답합니다.

This type of question requires you to choose the best response after listening to what the speaker says. Since daily conversation is used, it will be helpful for you to be well acquainted with idiomatic expressions used in daily life. For example, in response to 가's greeting of "생일 축하해요. (Happy birthday.)," 나 should answer with "감사합니다. (Thank you.)"

05~06 **다음을 듣고 〈보기〉와 같이 이어지는 말을 고르십시오.**

보기

가: 늦어서 미안해요.

나: ____________

① 고마워요. ❷ 아니에요.

③ 죄송해요. ④ 부탁해요.

5 여자: 안녕히 가세요. [52회] 3점

남자: ____________

① 반갑습니다. ② 실례합니다.

❸ 안녕히 계세요. ④ 여기 앉으세요.

어휘 및 표현 Vocabulary & Expressions

안녕히 가세요.
Goodbye. (to someone leaving)

반갑습니다.
Nice to meet you.

실례합니다.
Excuse me.

안녕히 계세요.
Goodbye. (to someone staying)

여기 here

앉으세요.
Please have a seat.

Explanation

'안녕히 가세요.'는 헤어질 때 하는 인사로 남아 있는 사람이 떠나는 사람에게 하는 말입니다. 떠나는 사람은 '안녕히 계세요.'라고 대답합니다. ①번은 처음 만났을 때 하는 인사입니다.

"안녕히 가세요" is a farewell greeting that a person who is remaining in place says to a person who is leaving. The person leaving replies with "안녕히 계세요." ① is a greeting used when meeting someone for the first time.

문 제 유 형
Question Type
03

대화가 이루어지는 장소 찾기
Choosing where a conversation is taking place

대화를 듣고 두 사람이 이야기하고 있는 장소를 고르는 유형입니다. 대화에 장소를 알 수 있는 어휘가 제시되어 있습니다. 장소의 특징이 드러나는 어휘를 공부하는 것이 좋습니다. 예를 들어 '의사, 간호사, 아파요'는 병원에서 쓰입니다.

This type of question requires you to listen to a conversation and choose where it is taking place. Words that give clues about the location are presented in the conversation. It will be helpful to learn various vocabulary words that are characteristic of specific places. For example, "의사 (doctor), 간호사 (nurse)" and "아파요 (I'm sick)" are used at the hospital.

07~10 여기는 어디입니까? 〈보기〉와 같이 알맞은 것을 고르십시오.

보기

가: 어서 오세요.

나: 여기 수박 있어요?

① 학교　　② 약국

❸ 시장　　④ 서점

8 여자: 어떻게 오셨어요?　　[47회] 3점

남자: 통장을 만들고 싶어서요.

① 시장　　❷ 은행

③ 기차역　　④ 운동장

어휘 및 표현
Vocabulary & Expressions

통장 bankbook
만들다 to make
시장 market
기차역 train station
운동장 playground

Explanation

통장을 만드는 곳은 은행이기 때문에 은행에서의 대화임을 알 수 있습니다. '어떻게 오셨어요?'는 방문 목적을 물어보는 질문이므로 여자는 은행 직원, 남자는 손님입니다.

A place where one can open a bank account is a bank. Thus, the conversation is taking place at a bank. "어떻게 오셨어요? (How can I help you?)" is a question which is used when someone asks about the purpose of your visit. Therefore, you know that the woman is a bank teller and the man is a client.

문 제 유 형
Question Type
04

화제 고르기
Choosing the topic

Track 04

대화를 듣고 무엇에 대한 이야기인지 고르는 유형입니다. 대화에 등장하는 어휘(예 비, 바람)을 잘 듣고 그것들을 포괄할 수 있는 상위어(예 날씨)를 선택하면 됩니다.

This type of question requires you to choose the word that best describes the topic of the conversation. You should listen to the words carefully and choose the most inclusive topic; for example, the The topic "날씨 (weather)" includes the words "비 (rain)" and "바람 (wind)".

11~14 다음은 무엇에 대해 말하고 있습니까? 〈보기〉와 같이 알맞은 것을 고르십시오.

보기

가: 이 아파트에 살아요?

나: 네, 5층에 살아요.

❶ 집　② 역

③ 주소　④ 달력

13 남자: 마리 씨 고향은 지금 겨울이에요? [52회] **4점**

여자: 아니요. 여름이에요.

① 요일　② 나라

③ 여행　❹ 계절

어휘 및 표현
Vocabulary & Expressions

고향 hometown
겨울 winter
여름 summer
요일 day (of the week)
나라 country
여행 travel
계절 (봄, 여름, 가을, 겨울) seasons (spring, summer, autumn, winter)

Explanation

남자와 여자가 말하는 겨울과 여름은 ④번 계절을 나타내는 말입니다.

A topic word that includes "겨울 (winter)" and "여름 (summer)", which were mentioned by the man and woman, is ④ 계절 (seasons).

문 제 유 형
Question Type
05 대화에 알맞은 그림 고르기

Listening to a conversation and choosing the matching picture

네 개의 그림 중, 대화의 내용에 맞는 그림을 찾는 유형입니다. 그림 속의 행동이나 상태를 묘사하는 표현에 집중해야 합니다. 그림을 먼저 본 후 대화를 들으면 답을 찾기 쉽습니다.

This type of question requires you to choose a picture that matches with the conversation from among four given choices. You should listen for an expression that describes an action or a state in the picture. It is helpful to look over the pictures prior to listening to the conversation.

15~16 다음 대화를 듣고 알맞은 그림을 고르십시오. (각 4점)

16 [52회]

여자: 비가 오네요. 우산이 없는데…….
남자: 그래요? 저하고 같이 써요.

① 

② 

❸ 

④ 

어휘 및 표현 Vocabulary & Expressions

비가 오다 to rain
우산 umbrella
같이 together
우산을 쓰다 to use an umbrella

Explanation

여자가 우산이 없다고 했으므로 여자는 우산을 가지고 있지 않고 남자가 '같이 써요.'라고 권하고 있는 ③번 그림이 정답입니다. ①, ④번은 여자가 우산을 가지고 있고 ②번은 남자가 우산을 가지고 있지 않으므로 적절하지 않습니다.

Based on the fact that the woman says that she doesn't have an umbrella and the man says "같이 써요. (Let's share my umbrella.)," ③, which shows the man about to share his umbrella, is the correct answer. In ① and ④, the woman has an umbrella, and in ②, the man doesn't have an umbrella; therefore, these are incorrect.

문제유형 Question Type

06 짧은 대화를 듣고 내용과 같은 것 고르기

Choosing the statement that matches a short conversation

Track 06

짧은 대화를 듣고 대화와 같은 내용의 문장을 고르는 유형입니다. 주요 단어 등을 메모하면서 대화를 끝까지 듣는 것이 중요합니다.

This type of question requires you to choose the statement that matches a short conversation. It is a good idea to write down key words, and it is important that you listen carefully until the end of the conversation.

17~21 다음을 듣고 〈보기〉와 같이 대화 내용과 같은 것을 고르십시오. (각 3점)

보기

남자: 요즘 한국어를 공부해요?

여자: 네. 한국 친구한테서 한국어를 배워요.

① 남자는 학생입니다. ③ 남자는 한국어를 가르칩니다.

② 여자는 학교에 다닙니다. ❹ 여자는 한국어를 공부합니다.

19 남자: 미영 씨, 왜 그래요? 어디 안 좋아요? [52회]

여자: 아침부터 머리가 너무 아파요. 지금은 열도 나고요.

남자: 그럼 일찍 가서 좀 쉬는 게 어때요?

여자: 감사합니다, 과장님. 이 일만 끝내고 가겠습니다.

① 남자는 쉬고 싶어 합니다. ② 여자는 일을 다 끝냈습니다.

③ 남자는 집에 가려고 합니다. ❹ 여자는 몸이 좋지 않습니다.

어휘 및 표현 Vocabulary & Expressions

열이 나다 to have a fever

일찍 early

과장 section chief

N을/를 끝내다 to finish N

Explanation

여자는 '머리가 아파요', '열도 나고요'라고 했으므로 지금 몸이 좋지 않습니다. 정답은 ④번입니다. 남자가 여자한테 쉬는 것을 제안한 것이므로 ①번은 답이 아니며 여자는 일을 끝내고 가겠다고 했으므로 ②번도 오답입니다.

The woman said "머리가 아파요. (I have a headache.)" and "열도 나고요. (I have a fever as well.)," so you can infer that the woman is feeling under the weather. Thus, the correct answer is ④. The man asked her to take sick leave, so ① is incorrect. The woman told him that she would leave after finishing her work; therefore, ② is incorrect as well.

문 제 유 형
Question Type

07

여자의 중심 생각 고르기
Choosing the woman's main idea

Track 07

대화를 듣고 여자의 중심 생각을 고르는 유형입니다. 여자의 말 속의 중심이 되는 단어나 표현을 파악해야 합니다. 대화에 등장한 어휘나 표현이 선택지에 나와서 헷갈릴 수 있습니다. 하지만 전체 내용을 포괄하는 중심 내용을 골라야 합니다.

This type of question requires you to listen to a conversation and choose the woman's main idea. You should listen for and catch the keywords or key expressions in the woman's statement. Vocabulary or expressions that are used in the conversation also appear in the answer choices, which can be confusing. However, you should choose the main idea that sums up the content of the whole conversation.

22~24 다음을 듣고 여자의 중심 생각을 고르십시오. (각 3점)

22 [52회]

남자: 아침밥을 못 먹고 와서 배가 고프네요.
여자: 이제 곧 수업 시작하는데……. 그럼 이 우유 마실래요?
남자: 고마워요. 저는 늦게 일어나서 아침을 못 먹을 때가 많아요.
여자: 아침밥을 먹는 게 건강에 좋아요. 그리고 공부도 잘할 수 있고요.

❶ 아침밥을 먹는 게 좋습니다.
② 아침에 일찍 일어나야 합니다.
③ 아침에 우유를 마시면 좋습니다.
④ 아침밥은 집에서 먹어야 합니다.

어휘 및 표현
Vocabulary & Expressions

아침밥 breakfast
배가 고프다 to be hungry
곧 soon
수업 class
늦게 late
일어나다 to wake up
건강 health
공부를 잘하다 to study well

Explanation

여자는 아침을 먹지 못한 남자에게 우유를 권하며 아침밥을 먹으면 좋은 2가지 이유 (건강에 좋다, 공부를 잘할 수 있다)에 대해서 설명하므로 ①번이 중심 생각입니다.

The woman advised the man, who hadn't had breakfast, to drink milk, and gave him two reasons (it's good for his health/it will help him study well) as to why he should have breakfast. Thus, ① is the main idea.

24 [52회]

남자: 인터넷으로 구두를 샀는데 좀 크네요. 바꾸는 게 좋겠지요?

여자: 네. 저도 그런 적이 있어서 인터넷으로 신발을 잘 안 사요.

남자: 인터넷으로 신발을 사면 가게에 안 가서 편한데…….

여자: 하지만 이렇게 물건을 바꿔야 할 때는 다시 보내고 받아야 해서 시간이 걸리잖아요.

① 신발은 좀 크게 신는 게 좋습니다.

② 신발이 안 맞을 때는 빨리 바꿔야 합니다.

③ 인터넷으로 신발을 사면 바꾸기 쉽습니다.

❹ 인터넷으로 신발을 사지 않는 게 좋습니다.

어휘 및 표현
Vocabulary & Expressions

구두 shoes
바꾸다 to exchange
가게 store
편하다 to be comfortable
하지만 however
보내다 to send
받다 to receive
시간이 걸리다 to take time

Explanation

여자는 인터넷으로 신발을 사지 않는 이유 (물건을 바꿔야 할 때 시간이 걸린다)에 대해서 설명하므로 ④번이 중심 생각입니다.

The woman explains the reason why she doesn't buy shoes over the internet (it takes time to exchange a product). Thus, ④ is the woman's main idea.

문 제 유 형
Question Type
08 긴 대화를 듣고 두 개의 문제 해결하기

Listening to a long conversation and answering two questions

Track 08

대화를 듣고 두 개의 문제를 해결하는 유형입니다. 25~26번에서는 안내, 설명, 광고 등의 내용이 출제됩니다. 27~30번에서는 듣기에서 난도가 가장 높은 문제가 출제되므로 전체 내용을 잘 들어야 합니다. '들은 내용과 같은 것 고르기', '화제 고르기(인사, 설명, 주문, 부탁, 초대, 안내, 감사, 신청 등)', '주제 고르기', '의도, 이유, 목적 고르기' 유형이 출제됩니다.

This type of question requires you to answer two questions after listening to a long conversation. Questions 25-26 are related to announcements, explanations, advertisements, etc. Questions 27-30 are the most difficult listening questions, so you should listen to the whole conversation carefully. Possible questions include "choosing the statement that matches what you have heard," "choosing a topic (greeting, explanation, order, favor, invitation, announcement, appreciation, application, etc.)," "choosing a subject," and "choosing an intention, reason, or purpose."

25~30 다음을 듣고 물음에 답하십시오.

여자: 선생님, 안녕하세요? 요즘 저희 아이가 책을 잘 안 읽어요. 그래서 걱정이 돼서 왔어요.

남자: 네. 여기 앉으세요. (잠시 쉬고) 음……. 아이가 책 읽는 걸 싫어하면 만화책부터 보여 주는 건 어떨까요?

여자: 만화책요? 그러면 아이가 만화책만 좋아하지 않을까요?

남자: 아니에요. 만화책이 책을 읽는 데 도움이 돼요. 만화책에서 본 내용이 재미있으면 다른 책도 찾아서 읽게 되니까요.

여자: 아, 그러면 책 읽는 습관을 기를 수 있어서 좋을 것 같네요.

남자: 네. 또 어려운 내용을 쉽게 이해할 수 있어서 공부에 도움도 돼요. 그래서 요즘 아이들은 만화책을 많이 읽어요.

어휘 및 표현 Vocabulary & Expressions

저희 we/our (humble term)
걱정이 되다 to become worried
만화책 comic book
보여 주다 to show
도움이 되다 to be helpful
내용 content
습관을 기르다 to develop a habit
이해하다 to understand
요즘 nowadays
찾아오다 to visit

29 여자는 왜 남자를 찾아왔는지 맞는 것을 고르십시오. [41회] **3점**

① 만화책을 읽고 싶어서

② 아이가 공부를 잘 못해서

❸ 아이가 책 읽기를 싫어해서

④ 만화책의 좋은 점을 알고 싶어서

30 들은 내용과 같은 것을 고르십시오. [41회] **4점**

① 요즘 아이들은 만화책을 읽지 않습니다.

② 만화책으로는 어려운 내용을 이해하기 힘듭니다.

③ 책 내용이 재미있으면 만화책을 찾아서 읽습니다.

❹ 만화책을 읽으면 책 읽는 습관을 기를 수 있습니다.

Explanation

29 '아이가 책을 잘 안 읽어요. 그래서 걱정이 돼서 왔어요.'라는 여자의 말을 통해 아이가 책 읽기를 싫어해서 찾아온 것을 알 수 있으므로 답은 ③번입니다.

Judging from the woman saying, "My child doesn't read books, so I've become worried. That's why I'm here," you can infer that the woman's child doesn't like to read books. Thus, the correct answer is ③.

30 '만화책에서 본 내용이 재미있으면 다른 책도 찾아서 읽게 된다.'는 남자의 말에 여자가 '책 읽는 습관을 기를 수 있어서 좋을 것 같다.' 라고 했으므로 답은 ④번입니다.

In response to the man saying "If they find stories that they reads in comic books interesting, they'll start to look for other books to read," the woman says, "It seems to be a good way to develop a reading habit." Thus, the correct answer is ④.

읽기 Reading

문제 유형
Question Type
01

화제 고르기
Choosing the topic

두 문장의 공통적인 화제를 찾는 유형입니다. 제시된 어휘의 상위어 또는 관련어를 찾아서 무엇에 대해 말하는지 찾아야 합니다.

This type of question requires you to choose the common topic of the two given sentences. You must find topic words or other words related to the given vocabulary and then choose what the sentences are talking about.

31~33 무엇에 대한 이야기입니까? 〈보기〉와 같이 알맞은 것을 고르십시오. (각 2점)

보기

사과가 있습니다. 그리고 배도 있습니다.

① 요일　　② 공부
❸ 과일　　④ 생일

31 형은 스물한 살입니다. 누나는 스물세 살입니다. [52회]

❶ 나이　　② 날짜
③ 이름　　④ 시간

어휘 및 표현
Vocabulary & Expressions

형 older brother (for a male)
누나 older sister (for a male)
스물 twenty
살 age, years
날짜 date
이름 name
시간 time

Explanation

'살'은 나이를 세는 단위입니다. 형과 누나의 '나이'에 대한 이야기입니다.

"살" is the unit used for counting age. The sentence are about the narrator's older brother and older sister's ages (나이).

문제유형
Question Type
02 문장에 알맞은 어휘 고르기
Choosing the appropriate vocabulary word for a sentence

문장의 괄호 앞뒤의 의미를 파악해서 괄호에 들어갈 알맞은 어휘, 문법을 고르는 유형입니다. 명사, 동사, 형용사, 부사, 격조사 문제가 출제됩니다.

This type of question requires you to choose the appropriate vocabulary or grammar structure to fill in the blank by understanding the meaning of the given sentences. Questions about nouns, verbs, adjectives, adverbs, and case particles are given.

34~39 〈보기〉와 같이 (   )에 들어갈 가장 알맞은 것을 고르십시오.

보기

날씨가 좋습니다. (   )이 맑습니다.

① 눈　　② 밤
❸ 하늘　　④ 구름

38 길을 모릅니다. 사람들에게 (   ). [52회] 2점

① 줍니다　　② 팝니다
③ 노래합니다　　❹ 물어봅니다

어휘 및 표현
Vocabulary & Expressions

길 way
모르다 to not know
(사람)에게 to (a person or people)
주다 to give
팔다 to sell
노래하다 to sing
물어보다 to ask

Explanation

'물어보다'는 알고 싶어서 상대에게 질문한다는 뜻입니다. 길을 몰라서 알고 싶은 상황이므로 '물어보다'를 사용해야 합니다.

"물어보다" means to ask someone something. The narrator doesn't know where to go, so "물어보다" is the most appropriate answer.

문 제 유 형
Question Type
03 광고/안내문의 내용 파악하기
Understanding an advertisement/notice

실생활과 관련된 문자 메시지, 포스터, 안내문, 표, 초대장, 광고문 등을 읽고 내용과 맞지 않는 문장을 고르는 유형입니다. 지문의 축약된 정보와 선택지의 내용을 비교하며 답을 찾아야 합니다. 자주 등장하는 특정 단어 (일시, 장소, 날짜, 요일, 기간, 시간, 가격, 입장료)에 주의해서 답을 찾아야 하고 특히 숫자, 특수 기호 (※)가 있는 문장을 주의해야 합니다.

This type of question requires you to read a text message, poster, notice, chart or table, invitation, advertisement, etc. that is related to daily life and choose the sentence that does not match. You should find the answer as you compare the condensed information with each choice. You should pay attention to specific words, such as date, place, day, period, time, price, and entrance fee, that often appear in the passage, and be especially careful of numbers and special symbols such as ※.

40~42 다음을 읽고 맞지 않는 것을 고르십시오. (각 3점)

40 [47회]

우리병원 진료 안내

• 월요일~금요일 09:00~19:00
• 토요일 10:00~16:00
〈점심시간 12:30~14:00〉
※일요일은 쉽니다.

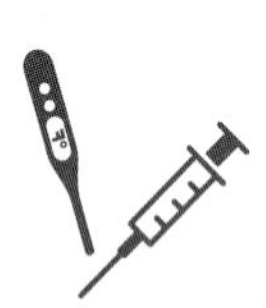

① 일요일에 문을 안 엽니다.
② 토요일은 네 시에 끝납니다.
③ 점심시간은 두 시까지입니다.
❹ 수요일은 열 시에 시작합니다.

어휘 및 표현
Vocabulary & Expressions

병원 hospital
진료 treatment
안내 notice
점심시간 lunch break
쉬다 to rest
문을 열다 to open
끝나다 to close
(시간)까지 by (time)
시작하다 to start

Explanation

월요일에서 금요일까지 9시에 시작하므로 ④번이 맞지 않는 내용입니다. ①번은 안내문 하단의 ※ 표시 내용에서 일요일은 쉰다고 했으므로 맞는 내용입니다.

Based on the notice, it is possible to find out that the hospital opens at 9 a.m. from Monday to Friday. Thus, ④ is incorrect. The note ※ says that it is closed on Sundays. Thus, ① agrees with the notice.

문제유형 Question Type **04**

짧은 글을 읽고 같은 내용 고르기

Choosing the sentence that matches a short passage

세 문장의 글을 읽고 내용과 같은 것을 고르는 문제입니다. 일상적인 내용이 나오며 먼저 본문의 내용을 파악한 후에 선택지의 내용과 대조하여 답을 찾으면 됩니다.

This type of question requires you to read three sentences and then choose the sentence that agrees with the passage. The passage contains everyday content, so you should figure out the content and then compare it with each choice to find the answer.

43~45 다음의 내용과 같은 것을 고르십시오.

43 [41회]

> 저는 한국 사람이지만 영국에서 살고 있습니다. 그래서 한국어와 영어를 모두 잘합니다. 지금은 일본어를 배우고 있습니다.

❶ 저는 일본어를 공부합니다.
② 저는 한국어를 잘 못합니다.
③ 저는 지금 한국에 있습니다.
④ 저는 영어를 배우고 싶습니다.

어휘 및 표현 Vocabulary & Expressions

살다 to live
영국 / 영어 England / English
모두 all
일본 / 일본어 Japan / Japanese

Explanation

'일본어를 배우고 있다'고 했으므로 ①번이 답입니다.
② 저는 한국어를 잘 못합니다. → 잘합니다.
③ 저는 지금 한국에 있습니다. → 영국에서 살고 있습니다.
④ 저는 영어를 배우고 싶습니다. → 영어는 이미 잘합니다.

The narrator says, "I'm studying Japanese now." Thus, the correct answer is ①.
② I'm not good at Korean. → I'm good at Korean.
③ I'm in Korea now. → I live in England.
④ I want to learn English. → I'm already good at English.

• 배우다 to learn ≒ 공부하다 to study
• "N을/를 잘하다" means one is good at N.
Ex 운동을 잘합니다. I am good at sports.
• "V-고 있다" expresses actions in progress.
Ex 지금 비가 오고 있습니다. It is raining now.

문 제 유 형
Question Type
05 중심 생각 고르기
Choosing the main idea

글의 가장 중심이 되는 내용을 찾는 유형입니다. 본문의 내용과 일치하는 것이 둘 이상일 때에는 글의 내용 전체를 포괄할 수 있는 문장을 골라야 합니다.

This type of question requires you to choose the main idea of a passage. If there are two or more choices that agree with the content of the passage, you should choose the idea that covers the content of the entire passage.

46~48 다음을 읽고 중심 생각을 고르십시오.

47 [52회] 3점

아버지의 가방은 오래되었습니다. 저는 아버지의 가방을 바꿔 드리고 싶습니다. 그래서 요즘 아르바이트를 하고 있습니다.

① 저는 아버지의 가방이 좋습니다.
② 저는 아르바이트를 찾으려고 합니다.
❸ 저는 아버지께 가방을 사 드리려고 합니다.
④ 저는 가방 만드는 회사에서 일하고 싶습니다.

어휘 및 표현
Vocabulary & Expressions

아버지 father
가방 bag
오래되다 to be old
바꾸다 to change
그래서 therefore, so
요즘 nowadays
아르바이트 part-time job

Explanation

아르바이트를 하는 목적 (아버지의 가방을 바꿔 드리고 싶다)에 대해서 설명하고 있으므로 목적을 나타내는 ③번이 중심 생각입니다.

The narrator explains the reason ("I want to buy father a bag.") why they are doing a part-time job, so ③ is the main idea which reveals the purpose.

문 제 유 형
Question Type
06 지문을 읽고 두 개의 문제 해결하기
Reading a passage and answering two questions

한 지문을 보고 두 개의 문제를 푸는 유형입니다. 총 네 개의 지문이 등장하는데, 공통적으로 '문장에 알맞은 말 고르기' 문제가 나오고 그다음 '같은 내용 찾기' 문제로 이어지는 것이 총 세 지문, '화제 고르기' 문제로 이어지는 것이 한 지문 나옵니다. 문장에 알맞은 말을 고르는 문제에서는 선택지에 제시된 문장을 빈칸의 위치에 넣어 읽어 보면서 전체 글의 흐름을 잘 파악해야 합니다. 빈칸의 앞뒤를 잘 읽어 보면 답을 찾을 수 있습니다.

This type of question involves reading one passage and then answering two questions. A total of 4 passages appear, each with a common question of "Choose the answer that matches the sentence." This is followed by a "Find the matching content" question for 3 passages and a "Choose the topic" question for the last passage. For the question about choosing the answer that matches the sentence, you should grasp the meaning of the entire passage and then try to complete the sentence with each answer choice. You can find the answer by reading the statements before and after the blank carefully.

49~56 다음을 읽고 물음에 답하십시오.

우리 집 고양이 이름은 미미입니다. 6개월 전에 제가 퇴근해서 집에 돌아올 때 길에서 만났습니다. 그때 미미는 다리를 다쳐서 힘들어 보였습니다. 그리고 배도 고픈 것 같았습니다. 저는 미미를 집으로 데려와서 밥을 주고 약도 발라 주었습니다. 처음에 미미는 저한테 가까이 오지 않았습니다. 하지만 이제는 (㉠)

55 ㉠에 들어갈 알맞은 말을 고르십시오. [47회] **2점**

① 밥을 잘 먹습니다.
② 새 이름이 생겼습니다.
③ 집으로 돌아갔습니다.
❹ 저와 있는 것을 좋아합니다.

어휘 및 표현 Vocabulary & Expressions

퇴근하다 to leave work
돌아오다 to return
다치다 to get hurt
데리고 오다 / 데려오다 to bring
바르다 to apply (an ointment)
가까이 close
생기다 to get
도와주다 to help
친하다 to be close

Explanation

빈칸의 앞뒤를 잘 살펴봐야 합니다. ㉠ 앞에 반대되는 문장을 연결하는 접속어 '하지만'이 있으므로 '처음에는 글쓴이에게 가까이 오지 않았다'와 반대되는 내용인 ④번이 가장 자연스럽습니다.

You should read the statements before and after the blank carefully. Since a conjunctive adverb "하지만 (however)" that connects two contradictory sentences begins the sentence that contains (㉠), you should find the answer choice that has the opposite meaning of, "처음에 미미는 저한테 가까이 오지 않았습니다. (At first, Mimi didn't want to come close to me.)" Thus, the correct answer is ④.

56 이 글의 내용과 같은 것을 고르십시오. [47회] **3점**

❶ 저는 다친 고양이를 도와주었습니다.

② 저는 여섯 달 전에 고양이를 샀습니다.

③ 저는 길에서 고양이를 잃어버렸습니다.

④ 저는 처음부터 고양이와 친하게 지냈습니다.

Explanation

'밥을 주고 약도 발라 주었습니다.'를 통해 고양이를 도와준 것을 알 수 있습니다.

② 저는 여섯 달 전에 고양이를 ~~샀습니다~~. → 만났습니다.

③ 저는 길에서 고양이를 ~~잃어버렸습니다~~. → 만났습니다.

④ 저는 ~~처음부터~~ 고양이와 친하게 지냈습니다.
→ 처음에는 가까이 오지 않았습니다.

From the given statement, we can find out that the narrator helped the cat by feeding it and applying an ointment.

② I ~~bought~~ a cat 6 months ago. → I met a cat 6 months ago.

③ I ~~lost~~ a cat on the street. → I met a cat on the street.

④ I got along with the cat ~~from the beginning~~.
→ At first, the cat didn't want to come close to me.

문 제 유 형
Question Type
07 순서대로 문장 배열하기
Arranging sentences in order

네 개의 문장을 순서대로 배열하는 유형입니다. 각 문장 간의 관계를 파악하는 것이 중요합니다. 선택지에서 제시된 첫 문장을 바탕으로 두 번째 문장을 찾아야 합니다. '그래서, 왜냐하면, 그리고' 등의 이어 주는 말과 '이, 그, 그때' 등의 앞에서 말한 것을 다시 언급하는 표현을 바탕으로 문장의 순서를 찾는 것도 도움이 됩니다.

This type of question requires you to arrange four sentences in order. It is important to grasp the relationship among the sentences. Based on the first sentence choice, you should find the second sentence. It is helpful to find the order of sentences based on conjunctive adverbs such as "그래서 (therefore), 왜냐하면 (because), 그리고 (and)", etc., and expressions such as "이 (this), 그 (the), 그때 (then; at that time)", etc. that are used when referring back to the previous statement.

57~58 다음을 순서대로 맞게 나열한 것을 고르십시오.

58 [52회] 3점

(가) 그렇지만 물 위에 있으면 오래된 달걀입니다.
(나) 소금물이 있는 그릇에 달걀을 넣어 보면 됩니다.
(다) 오래된 달걀과 신선한 달걀을 알 수 있는 방법이 있습니다.
(라) 소금물에 넣었을 때 달걀이 그릇 바닥에 있으면 신선한 것입니다.

① (나) - (라) - (다) - (가)
② (나) - (다) - (가) - (라)
③ (다) - (가) - (나) - (라)
❹ (다) - (나) - (라) - (가)

어휘 및 표현 Vocabulary & Expressions

그렇지만 however, but
넣다 to put
소금 salt
달걀 (계란) egg
물 water
방법 way, method
그릇 bowl
바닥 bottom
신선하다 to be fresh

Explanation

선택지 ①, ②는 (나) ③, ④는 (다)로 시작합니다. (다)는 달걀 구별 방법이 있다는 소개이고 (나)는 구별 방법을 설명하는 내용이므로 (나)는 (다) 뒤에 와야 합니다. (라)는 달걀을 소금물에 넣었을 때의 결과이므로 '(나) 소금물에 달걀을 넣어 보면 됩니다' 뒤에 와야 하고 (가)의 '그렇지만'은 반대 내용을 연결하는 접속사이므로 오래된 달걀의 반대인 (라)의 신선한 달걀 뒤에 연결되어야 합니다. 답은 ④번입니다.

Choices ① and ② start with (나) and choices ③ and ④ start with (다). In (다), the narrator says that there is a way to distinguish fresh eggs from stale eggs. In (나), the narrator explains how to distinguish them. Therefore, (나) should come after (다). In (라), the narrator explains the result when one puts an egg into salty water. Therefore, (라) should come after (나) in which the narrator says that one should put an egg into salty water to distinguish a fresh egg from a stale egg. "그렇지만 (however)" in (가) is a conjunctive adverb which is used when the preceding and following contents contradict each other. A fresh egg in (라) has the opposite meaning of a stale egg in (가), so (가) should come after (라). Thus, the correct answer is ④.

문 제 유 형
Question Type
08 지문을 읽고 두 개의 문제 해결하기
Reading a passage and answering two questions

하나의 지문을 읽고 두 문제를 푸는 유형입니다. 주로 '글의 내용과 같은 것 고르기' 유형 하나와 '문장 삽입하기', '문장에 알맞은 말 고르기', '글의 목적 찾기', '내용을 바탕으로 유추하기' 중 하나가 출제됩니다. 지문의 길이가 길고 난도가 높기 때문에 한 문제에만 너무 많은 시간을 들이지 않도록 시간 분배를 해야 합니다.

This type of question requires you to read a passage and answer two consecutive questions. The questions that usually appear in this section of the test are "Choosing the statement that matches the passage" and one of the following: "Finding the best place to insert a given sentence into the passage," "Choosing the appropriate word for the sentence," "Finding the purpose of the text," and "Making an inference based on the text." Since the passage is long and complicated, in order to manage your time well, you should not spend too much time on one question.

59~70 다음을 읽고 물음에 답하십시오. (각 3점)

인주시장은 오래된 시장입니다. 그런데 요즘 사람들은 오래된 시장을 별로 좋아하지 않아서 찾는 사람이 적어졌습니다. 시장을 새롭게 바꾸기 위해서 가게 주인들은 시장에 재미있는 그림을 전시하고 가게의 이름도 예쁘게 써서 걸었습니다. 또 이 시장에서만 볼 수 있는 다양한 물건들도 팔기 시작했습니다. 시장이 바뀐 후부터 사람들이 다시 (㉠).

67 ㉠에 들어갈 알맞은 말을 고르십시오. [52회]

① 그림을 배우고 있습니다
❷ 이곳을 찾아오고 있습니다
③ 물건을 전시하고 있습니다
④ 글씨를 예쁘게 쓰고 있습니다

어휘 및 표현 Vocabulary & Expressions

별로 not particularly
찾다 to find
적다 to be few
새롭게 newly
바꾸다 to change
가게 store
주인 owner
그림 painting
전시하다 to exhibit
걸다 to hang
다양하다 to be various
다시 again

Explanation

글의 앞부분에서 찾는 사람이 적어진 인주시장을 바꾸기 위한 노력에 대해서 이야기하는데 ㉠은 바뀐 후의 모습을 말하고 '다시'라는 부사가 있으므로 답은 ②번입니다.

The passage begins with store owners' efforts to change Inju Market, which fewer people are visiting, and ㉠ mentions Inju Market after the change with the use of the adverb "다시 (again)." Thus, the correct answer is ②.

68 이 글의 내용과 같은 것을 고르십시오. [52회]

① 인주시장은 최근에 새로 생겼습니다.

❷ 인주시장에서만 살 수 있는 물건이 있습니다.

③ 인주시장에 오는 사람들이 그림을 전시했습니다.

④ 가게 주인들은 시장에 오는 사람들에게 이름을 써 줍니다.

Explanation

'이 시장에서만 볼 수 있는 다양한 물건들도 팔기 시작했다'고 했으므로 답은 ②번입니다.

① 인주시장은 ~~최근에 새로 생겼습니다~~. → 오래된 시장입니다.

③ ~~인주시장에 오는 사람들이~~ 그림을 전시했습니다. → 가게 주인이

④ 가게 주인들은 시장에 오는 ~~사람들에게 이름을 써 줍니다~~.
→ 가게의 이름을 써서 걸었습니다.

Based on the narrator saying, "이 시장에서만 볼 수 있는 다양한 물건들도 팔기 시작했다 (A variety of things are now being sold only at this market.)," the correct answer is ②.

① Inju Market ~~opened recently~~. → It is an old market.

③ ~~People who visit Inju Market~~ exhibited paintings.
→ Store owners exhibited paintings.

④ Store owners ~~write names for people who visit~~ Inju Market.
→ Store owners wrote the names of the stores on the signs and hung them.

PART 2

유형별 연습 문제

Practice Questions

3rd Edition

듣기 Listening

읽기 Reading

듣기 Listening

문제유형 Question Type
01

물음에 알맞은 대답 고르기
Choosing the correct response to a question

Track 09

01~04 다음을 듣고 〈보기〉와 같이 물음에 맞는 대답을 고르십시오.

보기

가: 공책이에요?
나: ____________

❶ 네, 공책이에요. ② 네, 공책이 없어요.
③ 아니요, 공책이 싸요. ④ 아니요, 공책이 커요.

1 4점

① 네, 교과서예요. ② 아니요, 교과서가 있어요.
③ 네, 교과서가 좋아요. ④ 아니요, 교과서가 없어요.

2 4점

① 한 개 샀어요. ② 주말에 샀어요.
③ 시장에서 샀어요. ④ 백화점에서 사겠어요.

Explanation

1 '있어요?/없어요?'는 존재 여부를 묻는 말입니다. 교과서가 있는지 묻고 있으므로 있으면 '네, 있어요.' 없으면 '아니요, 없어요.'로 대답해야 합니다.

★ 한국어에서는 질문의 내용과 대답이 일치할 때는 '네' 불일치할 때는 '아니요'를 씁니다.
예 동생이 있어요? '네, 있어요.' 또는 '아니요, 없어요.'
동생이 없어요? '네, 없어요.' 또는 '아니요, 있어요.'

"있어요?/없어요? (Do you have…?/Do you not have…?)" asks about the existence or non-existence of something. The man is asking the woman whether she has a textbook or not. If the answer is affirmative, she has to answer with "네, 있어요. (Yes, I do.)" If the answer is negative, she has to answer with "아니요, 없어요. (No, I don't.)"

★ In Korean, if a question and answer are consistent, you should answer with "네. (Yes.)" If not, you should answer with "아니요. (No.)" For example, for the question "동생이 있어요? (Do you have a younger sibling?)," you should answer with "네, 있어요. (Yes, I do.)" or "아니요, 없어요. (No, I don't.)" However, for the question "동생이 없어요? (Do you not have a younger sibling?)," you should answer with "네, 없어요. (That's right, I don't.)" or "아니요, 있어요. (No, I do.)"

2 '어디'는 장소를 묻는 말입니다. '샀어요?'는 과거의 사실을 묻는 질문입니다.

"어디 (where)" is a question word used to ask about a place. "샀어요? (Did you buy something?)" is a question about a fact in the past.

3 3점

① 귤이 달아요. ② 오백 원이에요.

③ 귤을 좋아해요. ④ 귤을 한 개 주세요.

4 3점

① 일곱 시요. ② 4층에 있어요.

③ 아홉 시에 끝나요. ④ 두 시간이 걸려요.

어휘 및 표현
Vocabulary & Expressions

시작하다 to start

끝나다 to end

(시간)이/가 걸리다
to take (time)

★ This expresses a duration of time.

Ex 30분이 걸려요.
It takes 30 minutes.

PART 2 | 유형별 연습 문제

Explanation

3 '얼마'는 가격을 묻는 말이고 한국의 화폐 단위는 '원'입니다

"얼마 (how much)" is a question word which is used to ask about a price. "원 (won)" is the currency used in Korea.

4 '몇 시'는 시간을 묻는 말입니다. 선택지에 일곱 시와 아홉 시가 있는데, 남자는 영화가 시작하는 시간을 물었습니다.

"몇 시 (what time)" is a question word used when asking about the time. The choices include 7 and 9 o'clock, but the man asked the starting time of the movie.

문 제 유 형
Question Type
02

이어지는 말 고르기

Choosing the best response

Track 10

05~06 다음을 듣고 〈보기〉와 같이 이어지는 말을 고르십시오.

보기

가: 안녕히 계세요.

나: ____________________

① 들어오세요. ② 어서 오세요.

③ 안녕히 계세요. ❹ 안녕히 가세요.

어휘 및 표현 Vocabulary & Expressions

처음 for the first time

뵙다 to meet (someone older)

조심히 carefully

반갑다 to be glad

잘 지내다 to be fine

계시다 to be, to stay

누구세요? Who is it?

여보세요? Hello? (used on the phone)

5 **4점**

① 처음 뵙겠습니다. ② 조심히 가세요.

③ 만나서 반갑습니다. ④ 그동안 잘 지냈어요?

6 **3점**

① 네, 누구세요? ② 네, 여보세요?

④ 네, 알겠습니다. ③ 네, 감사합니다.

Explanation

5 '오랜만이에요.'라는 인사를 받으면 똑같이 '오랜만이에요.' 또는 '그동안 잘 지냈어요?'라고 대답합니다.

When someone says "오랜만이에요. (Long time no see.)," the other party replies with "오랜만이에요." or "그동안 잘 지냈어요? (How have you been?)"

6 '계시다'는 '(사람이) 있다'의 존댓말입니다. 이예진 씨가 집에 있는지 묻고 있으므로 있다고 답한 후에 문을 열기 전 '누구'인지 확인해야 합니다.

"계시다" is the honorific form of "있다 (for someone to be there)." 가 is asking if Ms. Lee Yejin is there. Therefore, 나 should reply with "네 (Yes)" and check who (누구) it is before opening the door.

문 제 유 형
Question Type
03 대화가 이루어지는 장소 찾기
Choosing the conversation is taking place

🔈 Track 11

07~10 여기는 어디입니까? 〈보기〉와 같이 알맞은 것을 고르십시오.

보기

가: 내일까지 숙제를 꼭 내세요.

나: 네, 선생님.

① 빵집 ② 호텔 ❸ 교실 ④ 병원

7 3점

① 술집 ② 식당 ③ 은행 ④서점

8 3점

① 가게 ② 공항 ③ 우체국 ④ 여행사

9 3점

① 학교 ② 공항 ③ 도서관 ④ 노래방

10 4점

① 회사 ② 서점 ③ 옷 가게 ④ 문구점

어휘 및 표현 Vocabulary & Expressions

아주머니 lady, ma'am
시키다 to order
준비하다 to prepare
술집 bar
은행 bank
서점 bookstore
소포 parcel
부치다 to mail
공항 airport
우체국 post office
여행사 travel agency
노래를 부르다 to sing a song
바꾸다 to exchange

Explanation

7 '된장찌개, 김치찌개' 등의 음식을 시킨 장소를 찾아야 합니다.
You should find a place where food such as "*doenjangjjigae*" and "*kimchijjigae*" is ordered.

8 소포를 부치는 장소를 찾아야 합니다.
You should find a place from which a parcel is sent.

9 남자의 '가수 같아요.'는 노래를 들은 후의 칭찬이고 여자가 노래를 불러 달라고 했으므로 노래를 부르는 곳입니다.
The man saying, "가수 같아요. (You sing like a professional singer)" is a compliment paid after the man heard the woman sing, and the woman asked the man to sing her a song, so the conversation is taking place at a Noraebang (place for singing).

10 '치마'를 입어 보거나 사는 곳입니다.
It is a place where one tries on or buys "a skirt."

문 제 유 형
Question Type
04 화제 고르기
Choosing the topic

Track 12

11~14 다음은 무엇에 대해 말하고 있습니까? 〈보기〉와 같이 알맞은 것을 고르십시오.

보기

가: 이 아파트에 살아요?

나: 네. 5층에 살아요.

❶ 집　② 역　③ 주소　④ 달력

11 3점

① 직업　② 나이　③ 주말　④ 취미

12 3점

① 계절　② 운동　③ 기분　④ 날씨

13 4점

① 시간　② 교통　③ 여행　④ 날씨

14 3점

① 학교　② 사진　③ 계획　④ 취미

어휘 및 표현
Vocabulary & Expressions

직업 job
취미 hobby
계절 season
봄 spring
여름 summer
가을 autumn
겨울 winter
기분 mood
흐리다 to be cloudy
바람이 불다 to be windy
교통 traffic
졸업식 graduation ceremony
계획 plan

Explanation

11 '살'은 나이를 세는 말입니다.

"살" is a unit for counting age.

12 남녀가 '여름'과 '가을'을 좋아한다고 했는데 여름, 가을은 '계절'입니다.

The man and the woman like "여름 (summer)" and "가을 (fall)" respectively, and these are "계절 (seasons)."

13 '비가 오다', '흐리다', '바람이 불다'는 날씨 표현입니다.

From the words "비가 오다 (raining)," "흐리다 (cloudy)," and "바람이 불다 (windy)," you can infer that they are talking about the weather.

14 '찍은 것'에 대해 묻고 있는데 '찍다'는 '사진을 찍다'로 쓰입니다.

A word that goes well with the verb "찍다 (for take)" is "사진 (picture)."

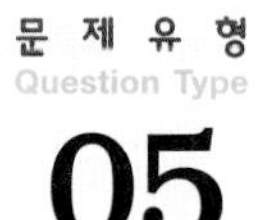
문 제 유 형
Question Type
05

대화에 알맞은 그림 고르기

Listening to a conversation and choosing the matching picture

Track 13

15~16 다음을 듣고 가장 알맞은 그림을 고르십시오. (각 4점)

15

①

②

③

④

어휘 및 표현
Vocabulary & Expressions

신다 to put on shoes

벗다 to take off (clothes or shoes)

PART 2 | 유형별 연습 문제

Explanation

동작을 묘사하는 말을 집중해서 들어야 합니다. 남자는 신발을 '신고 들어가도 되는지' 물었으니까 아직 신발을 신고 있는 그림을, 여자는 '이걸 신으세요.' 라고 했으니까 신을 것을 주는 동작이 있는 그림을 골라야 합니다.

You should listen carefully to verbs that describe movements. Since the man asks if he can enter the house "with his shoes on," you should choose a picture of the man still wearing his shoes. Since the woman offers the man something and tells him, "이걸 신으세요 (Put these on)," you should choose the picture of the woman offering something to put on.

16

③

Explanation

남자의 '잘 어울린다'는 말은 모자를 쓴 사람한테 하는 말이므로 ①번과 ④번이 답이 될 수 있지만 여자가 '선물로 받았다'고 했으므로 ①번은 답이 될 수 없습니다.

Judging from the man saying, "잘 어울린다 (It really suits you.)," ① and ④ can be answers. However, the woman says that 선물을 받았다 (she got it for her birthday), so ① can't be the answer.

문제유형 Question Type

06 짧은 대화를 듣고 내용과 같은 것 고르기

Choosing the statement that matches a short conversation

Track 14

17~21 다음을 듣고 〈보기〉와 같이 대화 내용과 같은 것을 고르십시오. (각 3점)

보기

가: 요즘 한국어를 공부해요?

나: 네. 한국 친구한테서 한국어를 배워요.

① 남자는 학생입니다. ② 여자는 학교에 다닙니다.

③ 남자는 한국어를 가르칩니다. ❹ 여자는 한국어를 공부합니다.

17 ① 여자는 두 달 전에 이사했습니다.

② 지금 집이 회사와 가까워서 편합니다.

③ 새로 이사할 집은 지금 집보다 좁습니다.

④ 이 사람은 여동생과 같이 살고 있습니다.

18 ① 여자는 고기가 먹고 싶습니다.

② 저녁에 바다에 가면 위험합니다.

③ 여자는 회를 먹고 배탈이 났습니다.

④ 여름에는 회를 먹지 않는 것이 좋습니다.

어휘 및 표현 Vocabulary & Expressions

구하다 to look for

편하다 ↔ 불편하다 to be comfortable ↔ to be uncomfortable

짓다 to build

회 raw fish, *hoe*

위험하다 to be dangerous

배탈이 나다 to have an upset stomach

조심하다 to be careful

Explanation

17 '이사한 지 두 달 됐다.'는 말은 두 달 전에 이사했다는 말입니다.

Judging from the man's statement, "이사한 지 두 달 됐다. (just moved into a new place two months ago.)" you know that the woman moved out two months ago.

18 여름에 회를 먹으면 배탈이 나서 조심해야 한다는 여자의 말은 회를 먹지 않는 것이 좋다는 의미입니다.

The woman says that it is easy to have an upset stomach after having raw fish in summer, which means it is better not to eat raw fish in summer.

19 ① 외국인 할인은 여권이 없어도 됩니다.
② 여자는 한복을 직접 본 적이 없습니다.
③ 두 사람은 한복 잡지를 보고 있습니다.
④ 여자는 한복 전시회에 간 적이 있습니다.

20 ① 여자는 노트북을 자주 들고 다닙니다.
② 남자의 노트북은 화면도 작고 무겁습니다.
③ 남자는 다음에 가벼운 노트북을 사려고 합니다.
④ 여자의 노트북은 가볍지만 화면이 크지 않습니다.

21 ① 공연은 30분에 시작합니다.
② 길이 막혔지만 늦지 않았습니다.
③ 남자는 식사 전에 표를 찾으려고 합니다.
④ 두 사람은 공연을 보고 저녁을 먹으려고 합니다.

어휘 및 표현
Vocabulary & Expressions

전시회 exhibition
잡지 magazine
가지고 가다 to carry, to take
화면 screen
가볍다 ↔ 무겁다 to be light ↔ to be heavy
길이 막히다 for there to be a traffic jam

Explanation

19 '-(으)면 좋겠다'는 말은 희망을 나타나는 의미인데 '직접 보면 좋겠네요.'라고 했으므로 직접 본 적이 없다는 것을 알 수 있습니다.

"-(으)면 좋겠다" means "it would be nice if…." The woman says "직접 보면 좋겠네요. (It would be nice to see a hanbok in person.)," so you know that the woman has never seen a hanbok before.

20 '이런'은 앞에 나온 말을 가리키므로 앞의 내용을 봐야 합니다.

"이런" indicates the preceding statement and the woman said her laptop was light in the preceding statement.

21 '표를 찾아서' '거기'로 간다고 했는데 '거기'는 앞 문장에서 말한 편의점입니다.

The man says that he will "get his ticket (표를 찾아서)" and go "거기 (there)." "거기" indicates the convenience store that the woman mentioned in the preceding statement.

문 제 유 형
Question Type
07

여자의 중심 생각 고르기
Choosing the woman's main idea

Track 15

22~24 다음을 듣고 여자의 중심 생각을 고르십시오. (각 3점)

22 ① 바나나를 먹고 운동도 해야 살이 빠집니다.
② 바나나를 먹으면 다이어트에 도움이 됩니다.
③ 음식을 골고루 먹고 운동을 해서 살을 빼야 합니다.
④ 다이어트 할 때 사람들과 같이 운동을 하는 게 좋습니다.

23 ① 금요일에는 집에 가서 쉬어야 합니다.
② 주말에는 회사에 가고 싶지 않습니다.
③ 집안일은 평일보다 주말에 하는 게 낫습니다.
④ 해야 할 일을 먼저 하고 주말에 쉬고 싶습니다

24 ① 2년 동안 쉬고 싶습니다.
② 지금 공부를 시작하는 건 늦지 않습니다.
③ 늦었지만 대학원에 가면 좋은 점이 많습니다.
④ 대학원에서 다른 일에 대해서 공부하고 싶습니다.

어휘 및 표현
Vocabulary & Expressions

살을 빼다 to lose weight
영양 nutrition
부족하다 to be lacking
건강 health
퇴근하다 to leave work
집안일 housework
대학원 graduate school

Explanation

22 여자는 한 가지 음식으로 살을 빼는 단점을 지적하고 다양한 음식 섭취와 운동의 장점을 이야기합니다.

In the conversation, the woman points out some disadvantages of the mono diet and advantages of eating various foods and exercising.

23 여자는 힘들어도 금요일에 집안일을 하는 이유를 설명하고 있습니다.

The woman says that she can't rest well if she has things to do, so she does the housework on Friday even though it is tiring.

24 여자는 '앞으로 일할 때 도움이 되고, 다양한 일을 맡을 수 있다'며 대학원에 가는 이유를 설명합니다.

The woman says that she wants to go to graduate school because it will be helpful for her work in the future and she will be able to do various jobs.

문 제 유 형
Question Type
08 긴 대화를 듣고 두 개의 문제 해결하기
Listening to a long conversation and answering two questions

Track 16

25~26 다음을 듣고 물음에 답하십시오.

25 여자가 왜 이 이야기를 하고 있는지 고르십시오. 3점

① 비빔냉면을 먹으려고
② 비빔냉면을 주문하려고
③ 한국의 고추장을 사려고
④ 비빔냉면을 만드는 방법을 설명하려고

26 들은 내용과 같은 것을 고르십시오. 4점

① 면은 한 번에 넣는 것이 좋습니다.
② 얼음물에 면을 씻으면 더 맛있습니다.
③ 물이 끓기 전에 면을 먼저 넣어야 합니다.
④ 물이 끓을 때 얼음을 넣으면 면이 맛있어집니다.

어휘 및 표현
Vocabulary & Expressions

물이 끓다 for water to boil
익다 to be cooked
완성되다 to be completed

Explanation

25 비빔냉면에 들어가는 재료와 넣는 순서를 말해서 만드는 방법을 알려 주고 있습니다.

The narrator talks about the ingredients in *bibim-naengmyeon* and the order in which they are added, so she is explaining how to make bibim-naengmyeon.

26 얼음물은 찹니다. '찬물이 면을 더 맛있게 해 준다'고 했습니다.

Ice water is very cold and the narrator says that cold water makes the noodles more delicious.

27~28 다음을 듣고 물음에 답하십시오.

취직(하다) (to get) a job
신상품 new product
할인(하다)
(to give) a discount

27 두 사람이 무엇에 대해 이야기를 하고 있는지 고르십시오. 3점

① 백화점의 위치에 대해
② 물건값을 깎는 방법에 대해
③ 여자 친구의 생일 선물에 대해
④ 취직 축하 선물로 구두를 사는 것에 대해

28 들은 내용과 같은 것을 고르십시오. 4점

① 여자 친구가 구두를 좋아합니다.
② 구두가 화장품보다 인기가 있습니다.
③ 남자는 생일 선물을 고르고 있습니다.
④ 오늘까지만 10% 싸게 살 수 있습니다.

Explanation

27 남자가 여자 친구의 취직을 축하하는 선물을 사려고 한다고 말했고 여자는 구두를 소개하고 있습니다.

The man says he wants to buy a gift to congratulate his girlfriend on her new job, and the woman introduces a pair of shoes to the man.

28 여자가 남자에게 10% 할인을 받을 수 있다고 했는데, 이 말은 남자가 물건을 싸게 살 수 있다는 의미입니다.

The woman says the man can get a 10% discount, which means that the man can buy them at a cheaper price.

29~30 다음을 듣고 물음에 답하십시오.

어휘 및 표현
Vocabulary & Expressions

연휴 long weekend
축제 festival
관광 도시 tourist city
비용 cost
숙박비 lodging fee
심심하다 to be bored
일정 schedule

29 여자가 이곳에 온 이유를 고르십시오. 3점

① 부산 관광 안내를 부탁하려고
② 여행에 같이 가자고 말하려고
③ 고속 기차표 예매를 부탁하려고
④ 여행 일정과 비용을 확인하려고

30 들은 내용과 같은 것을 고르십시오. 4점

① 여자는 부산에서 3일 동안 잡니다.
② 남자는 추석에 계획이 있었습니다.
③ 여자는 부산에 고속버스를 타고 갑니다.
④ 서울에서 부산까지 KTX로 3시간이 걸립니다.

Explanation

29 대화 첫 부분에서 여자가 '같이 가실래요?'라고 했으므로 여행을 같이 가자고 얘기한 것입니다.

At the beginning of the conversation, the woman asked the man to join the trip, so the reason why the woman said is to ask him to go on a trip together.

30 'KTX로 서울에서 부산까지 3시간밖에 안 걸려요'라는 말에서 3시간이 걸리는 것을 알 수 있습니다.

The woman says that it only takes 3 hours from Seoul to Busan by KTX.

읽기 Reading

문제유형 Question Type 01

소재 고르기
Choosing a topic

31~33 무엇에 대한 내용입니까? 〈보기〉와 같이 알맞은 것을 고르십시오. (각 2점)

보기

아버지는 의사입니다. 어머니는 은행원입니다.

① 주말 ❷ 부모 ③ 병원 ④ 오빠

31 소금은 짭니다. 김치는 맵습니다.

① 맛 ② 음식 ③ 요리 ④ 채소

32 나는 서울에서 자랐습니다. 친구는 부산에서 자랐습니다.

① 나라 ② 가족 ③ 고향 ④ 친구

33 저는 버스를 타고 출근합니다. 제 동료는 지하철로 회사에 갑니다.

① 장소 ② 교통 ③ 여행 ④ 휴가

어휘 및 표현 Vocabulary & Expressions

소금 salt
김치 kimchi
자라다 to be raised
고향 hometown
동료 colleague
교통수단: 버스, 지하철, 택시, 기차, 비행기, KTX, 배
Modes of transportation: bus, subway, taxi, train, airplane, KTX, ship

Explanation

31 '짜다', '맵다'와 관련된 상위어를 골라야 합니다.

★ 맛 표현: 짜다, 맵다, 쓰다, 달다, 시다, 싱겁다

This type of question requires you to choose a word that covers salty and spicy. These two words indicate flavors.

★ Words expressing flavors: salty, spicy, sweet, sour, and bland

32 '서울'과 '부산'에서 '자랐다'고 했으므로 태어나서 자란 지역을 뜻하는 단어를 골라야 합니다.

The sentence says they were raised in "서울 (Seoul)" and their friend was raised in "부산 (Busan)," so you should choose the word that indicates the places where they were born and raised.

33 '버스', '지하철' 등 출근하는 방법에 대해 이야기하고 있으므로 이동 수단을 뜻하는 단어를 골라야 합니다.

The sentence is about how the person and their colleague commute to work by "버스 (bus)" or "지하철 (subway)," so you should, therefore, choose the word that refers to means of transportation.

문 제 유 형
Question Type
02 문장에 알맞은 어휘 고르기
Choosing the appropriate vocabulary word for a sentence

34~39 〈보기〉와 같이 ( )에 들어갈 말로 가장 알맞은 것을 고르십시오.

보기

저는 ( )에 갔습니다. 책을 샀습니다.

① 극장 ❷ 서점 ③ 공원 ④ 세탁소

34 2점

눈이 나쁩니다. ( )을 씁니다.

① 우산 ② 사전 ③ 모자 ④ 안경

35 2점

밖이 시끄럽습니다. 그래서 창문을 ( ).

① 껐습니다 ② 열었습니다
③ 청소합니다 ④ 닫았습니다

어휘 및 표현 Vocabulary & Expressions

눈 eyesight
나쁘다 to be bad
우산을 쓰다 to use an umbrella
사전 dictionary
모자를 쓰다 to wear a hat
안경 glasses
밖 outside
시끄럽다 to be noisy
끄다 to turn off
열다 ↔ 닫다 to open ↔ to close

Explanation

34 '눈이 나쁠 때' 필요한 물건을 골라야 합니다.
The narrator says they have bad eyesight, so you should choose something needed when one has "눈이 나쁠 때 (bad eyesight)."

35 '그래서'는 앞의 내용이 뒤의 내용의 원인, 근거, 조건일 때 쓰는 말입니다. 밖이 시끄럽기 때문에 어떤 행동을 할지 골라야 합니다.
"그래서 (so)" is used when the preceding content becomes a cause, basis, or condition for the content that follows. The narrator says that it is noisy outside, so you should, therefore, choose the action that they have to take accordingly.

36 2점

친구한테서 선물을 받았습니다. 선물이 마음에 (   ).

① 듭니다 ② 기쁩니다
③ 좋습니다 ④ 예쁩니다

37 3점

결혼식에 손님이 많이 왔습니다. 400명(   ) 왔습니다.

① 만 ② 도 ③ 이나 ④ 밖에

38 3점

집에 큰 창문이 많습니다. 집이 매우 (   ).

① 밝습니다 ② 높습니다
③ 넓습니다 ④ 깨끗합니다

39 2점

저는 식사 후에 바로 이를 (   ). 그래서 이가 건강합니다.

① 씁니다 ② 닦습니다
③ 씻습니다 ④ 먹습니다

어휘 및 표현
Vocabulary & Expressions

매우 very
밝다 to be bright
높다 to be high
넓다 to be wide
바로 immediately

Explanation

36 선택지 중 '듭니다'만 '마음에'와 같이 쓸 수 있습니다.
Only "듭니다" can be used with "마음에."

37 손님이 '많이' 왔다고 했으므로 400명 뒤에는 많음을 강조하는 말이 들어가야 합니다.
Since the narrator says that "많이 (a lot of)" guests came, a particle that emphasizes a large number should be used right after "400명."

38 큰 창문이 많으면 빛이 많이 듭니다.
If there are a lot of big windows, there is a lot of light coming in.

39 어떤 행동을 해야 이가 건강하다고 얘기하고 있으므로, 이를 깨끗하게 하는 행동을 표현하는 동사를 골라야 합니다.
The narrator says that they have healthy from doing a certain action, so you should choose a verb that expresses the act of cleaning one's teeth.

• 씻다 to wash (= to put something completely under water and make it clean)
Ex 손을 씻다 to wash your hands

• 닦다 to wipe, to polish (= to clean the surface of something)
Ex 구두를 닦다 to polish shoes

문 제 유 형
Question Type
03 광고/안내문의 내용 파악하기
Understanding an advertisement/notice

40~42 다음을 읽고 맞지 않는 것을 고르십시오. (각 3점)

어휘 및 표현
Vocabulary & Expressions

생활(하다) life/to live
친절하다 to be kind

40

120 다산 콜센터

한국 생활이 힘드십니까? 120번으로 전화하세요.
친절하게 안내해 드립니다.

◆ 24시간 빠른 안내
◆ 호텔, 식당 예약, 관광 안내, 교통 정보, 수도 요금, 세금 안내
◆ 한국어, 영어, 중국어, 일본어, 베트남어, 몽골어 안내

① 밤 12시까지만 안내합니다.
② 콜센터 전화번호는 120입니다.
③ 한국어와 외국어로 안내합니다.
④ 오전에도 전화할 수 있습니다.

Explanation

숫자를 주의해서 봐야 합니다. '24시간 빠른 안내'라고 했습니다. 종결 어미를 명사형인 '-(으)ㅁ'으로 쓰거나 아예 종결 어미를 빼고 명사만 쓰는 경우가 많습니다.

You should pay attention to numbers. The notice says "quick information 24시간 빠른 안내 (24 hours a day)." There are many cases in which the nominal form "-(으)ㅁ" is used as a sentence-closing ending, or only a noun is used without any sentence-closing ending at all. In this case, only the noun, "안내 (information)," is used without a final ending.

41

초대장

결혼합니다. 오셔서 축하해 주세요.

신랑: 김 상 민　　　**신부**: 정 유 리
날짜: 11월 11일 토요일 12시
장소: 사랑예식장 3층

◆ 주차장이 좁습니다. 버스나 지하철을 이용해 주십시오.

◆ 약도

① 예식장 3층에서 결혼합니다.

② 사람들을 결혼식에 초대합니다.

③ 주차장이 없어서 버스를 타야 합니다.

④ 사랑예식장은 강남역 2번 출구 근처에 있습니다.

어휘 및 표현 Vocabulary & Expressions

신랑 ↔ 신부 groom ↔ bride
이용하다 to use
출구 exit
예식장 wedding hall
사용(하다) usage/to use
이상 ↔ 이하 above ↔ below

42

〈여름 에어컨 사용 안내〉

1. 두 달에 한 번 청소하십시오.
2. 온도는 25도 이상이 좋습니다.
3. 에어컨을 켤 때는 창문을 닫으십시오.
4. 점심시간이나 사람이 없을 때는 에어컨을 끄십시오.

① 2개월에 한 번 청소합니다.

② 온도는 25도 아래가 좋습니다.

③ 점심시간에는 에어컨을 켜지 마십시오.

④ 에어컨을 켤 때는 창문을 열지 않습니다.

Explanation

41 '주자창이 좁습니다.'라고 했으므로 주차장이 있습니다.
Based on the sentence, "주차장이 좁습니다. (The parking lot is small)," you can infer that there is a parking lot.

42 '25도 이상'은 25도보다 위라는 뜻입니다.
"25도 이상" means 25 degrees and above.

문제유형 Question Type

04 짧은 글을 읽고 같은 내용 고르기

Choosing the sentence that matches a short passage

43~45 다음을 읽고 내용이 같은 것을 고르십시오.

43 3점

저는 야구를 좋아합니다. 롯데 팀의 팬이라서 시간이 있을 때마다 야구장에 가서 응원합니다. 지난 토요일에는 텔레비전으로 경기를 봤는데 우리 팀이 져서 슬펐습니다.

① 토요일마다 야구장에 갑니다.
② 시간이 있으면 야구를 합니다.
③ 지난 토요일에 롯데 팀이 졌습니다.
④ 지난 토요일에 야구장에 갔습니다.

어휘 및 표현 Vocabulary & Expressions

팬 fan
응원(하다) cheer / to cheer
경기 game
이기다 ↔ 지다
to win ↔ to lose
슬프다 to be sad

Explanation

롯데 팀의 팬이라고 했으므로 '우리 팀'은 롯데입니다.

Based on the fact that the narrator is a Lotte fan, 우리 팀 (our team) means Lotte.

44 2점

인사동에는 한국 전통 음식점과 찻집이 많습니다. 그래서 외국인들에게 관광 코스로 인기가 많습니다. 외국인 친구가 한국에 오면 이곳에 같이 가십시오.

① 인사동에 외국인들이 많이 삽니다.
② 외국인 친구와 같이 인사동에 갔습니다.
③ 인사동은 한국 사람에게도 인기가 많습니다.
④ 인사동에 가면 한국 전통 음식을 먹을 수 있습니다.

어휘 및 표현 Vocabulary & Expressions

전통 tradition
관광 코스 tourist route
기념일 anniversary
예매하다 to book
전망 view

45 3점

내일은 부모님의 결혼기념일입니다. 축하해 드리려고 영화표를 2장 예매하고 전망이 좋은 식당도 예약했습니다. 두 분이 내일 즐거운 시간을 보내시면 좋겠습니다.

① 아버지는 식당을 예약하셨습니다.
② 부모님은 내일 식당에 가실 겁니다.
③ 저와 어머니는 내일 영화를 볼 겁니다.
④ 저는 부모님과 즐거운 시간을 보냈습니다.

Explanation

44 인사동에 '한국 전통 음식점이 많다.'고 했습니다.

The text says that "한국 전통 음식점이 많다 (there are a lot of traditional Korean restaurants)" in Insadong, so it is possible to infer that people can have traditional Korean food in Insadong.

45 글쓴이는 부모님이 갈 식당도 예약했습니다.

The text says that the narrator booked a restaurant for their parents' wedding anniversary tomorrow. Thus, you can infer that the their parents will go to the restaurant tomorrow.

문 제 유 형
Question Type
05 중심 생각 고르기
Choosing the main idea

46~48 다음을 읽고 중심 내용을 고르십시오.

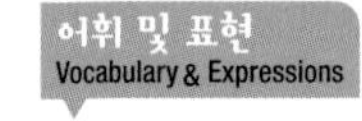

소중하다 to be precious

46 3점

> 토요일에 운동장에서 빨간 가방을 잃어버렸습니다. 가방을 보신 분은 전화 주십시오. 비싸지 않지만 저에게 소중한 물건입니다.

① 가방을 찾고 싶습니다.

② 가방은 소중한 물건입니다.

③ 가방을 잃어버려서 슬픕니다.

④ 빨간 가방을 다시 사고 싶습니다.

Explanation

글쓴이는 분실 정보와 가방을 찾는 이유를 말하고 전화를 기다리고 있습니다.

From the passage, the narrator is hoping for a call after giving information about what they lost and the reason why they want to find the bag.

47 3점

저는 지난주에 미용실에서 염색을 했습니다. 그런데 색이 밝아서 얼굴과 어울리지 않습니다. 내일 어두운색으로 바꿀 겁니다.

① 머리 모양을 바꾸고 싶습니다.
② 머리 색이 마음에 들지 않습니다.
③ 저는 미용실에 자주 가고 싶습니다.
④ 저는 일주일에 한 번 미용실에 갑니다.

어휘 및 표현
Vocabulary & Expressions

염색(을) 하다 to dye
어울리다 to go well
낚시 fishing
경치 view
(생선을) 잡다 to catch (fish)

48 2점

저는 힘든 일이 생기면 낚시를 하러 갑니다. 낚시를 하면서 멋진 경치도 보고 잡은 생선으로 요리도 해 먹으면서 안 좋은 생각을 잊어버리면 기분이 다시 좋아집니다.

① 낚시를 하면 행복해집니다.
② 낚시를 하러 가고 싶습니다.
③ 낚시 장소는 정말 멋집니다.
④ 낚시를 할 때 생각을 많이 합니다.

Explanation

47 글쓴이는 머리 색이 어울리지 않아서 바꾸려고 합니다.
Based on the passage, the narrator doesn't like their hair color and wants to change it.

48 글쓴이는 낚시 후의 감정 변화에 대해서 이야기하고 있습니다.
The narrator talks about their emotional changes after fishing.

문제유형 Question Type

06 지문을 읽고 두 개의 문제 해결하기

Reading a passage and answering two questions

49~50 다음을 읽고 물음에 답하십시오.

봄에는 '황사'라는 먼지바람이 한국으로 불어와서 공기가 나빠집니다. 이때 공기를 많이 마시면 먼지가 몸에 남기 때문에 공기가 나쁜 날에는 밖에 나가지 않는 것이 좋습니다. 밖에 나가야 할 때는 마스크를 꼭 써야 합니다. (㉠) 집에 들어가기 전에 먼지를 털고, 들어가면 샤워 후 깨끗한 옷으로 갈아입으십시오. 그리고 물을 자주 마셔서 나쁜 먼지가 몸 밖으로 나가게 하십시오.

어휘 및 표현 Vocabulary & Expressions

황사 yellow dust
먼지 dust
불다 to blow
남다 to remain
갈아입다 to change (clothes)
휴식 rest
방문 visit
외출 going out

49 ㉠에 들어갈 말로 가장 알맞은 것을 고르십시오. 2점

① 휴식 후 ② 확인 후
③ 방문 후 ④ 외출 후

50 윗글의 내용과 같은 것을 고르십시오. 3점

① 황사는 한국에서 시작되는 바람입니다.
② 집에 오면 바로 휴식을 취하는 것이 좋습니다.
③ 물을 마시면 먼지를 몸에서 내보내는 데 도움이 됩니다.
④ 공기가 안 좋은 날에는 실내에서도 마스크를 써야 합니다.

Explanation

49 (㉠) 뒤에 '집에 들어가기 전에'가 나왔으므로 ㉠에는 집에서 나간 내용이 들어가야 합니다.

The expression "집에 들어가기 전에" comes after ㉠, so the phrase that has a meaning of leaving home should be in ㉠.

50 '물을 자주 마셔서 나쁜 먼지가 몸 밖으로 나가게 하십시오.'라고 했습니다.

The text says, "물을 자주 마셔서 나쁜 먼지가 몸 밖으로 나가게 하십시오. (You should drink water frequently so that harmful dust can be removed from the body.)"

51~52 다음을 읽고 물음에 답하십시오.

저는 방학 때마다 시골에 계시는 할아버지 댁에 갑니다. 할아버지는 집 마당에서 오이와 감자를 키우십니다. 시골에는 '5일 시장'이 있어서 5일에 한 번씩 시장을 엽니다. 우리 할아버지도 5일 시장에 가서 채소를 파십니다. 이곳에서는 자기가 직접 키우거나 만든 것을 팝니다. 그래서 이곳의 물건들은 (㉠) 모양이 없고 가격도 다 다릅니다. 저는 이 시장을 구경하는 것이 참 즐겁습니다.

어휘 및 표현 Vocabulary & Expressions

시골 countryside
키우다 to grow
새롭다 to be fresh

51 ㉠에 들어갈 말로 가장 알맞은 것을 고르십시오. 3점

① 다른 ② 새로운
③ 똑같은 ④ 특별한

52 무엇에 대한 내용인지 맞는 것을 고르십시오. 2점

① 시골 5일 시장 소개
② 오이와 감자 키우기
③ 할아버지의 취미 소개
④ 방학 동안의 계획 소개

PART 2 | 유형별 연습 문제

Explanation

51 (㉠) 문장 마지막에 '가격도 다 다르다'라고 했으므로 앞에도 모양이 다르다는 내용이 나와야 합니다.

The sentence with ㉠ contains the expression, "가격도 다 다르다 (the prices are all different)," so you can infer that the things at the 5-day market have different shapes.

52 할아버지가 사는 시골에서 열리는 5일 시장을 설명하고 그 시장의 특징도 말하고 있습니다.

The writer explains the 5 day market open in the countryside where their grandfather lives, and talks about the market's characteristics.

53~54 다음을 읽고 물음에 답하십시오.

단것을 자주 먹으면 더 강한 단맛을 찾게 돼서 음식에 설탕을 많이 넣게 됩니다. 그러나 많은 양의 설탕을 먹는 것은 건강에 위험합니다. 요리할 때 (㉠) 설탕 대신에 단 과일이나 야채를 넣으십시오. 슈퍼마켓에서 파는 과일 주스에도 설탕이 많이 들어 있으니까 차나 물을 마시고 단것을 마시고 싶을 때는 과일 주스를 직접 만들어 마시는 게 좋습니다.

어휘 및 표현 Vocabulary & Expressions

강하다 to be strong
설탕 sugar
양 amount
대신에 instead of
직접 in person

53 ㉠에 들어갈 말로 가장 알맞은 것을 고르십시오. 2점

① 설탕이 비싸면
② 설탕을 싫어하면
③ 단맛을 싫어하면
④ 단맛이 필요하면

54 윗글의 내용과 같은 것을 고르십시오. 3점

① 설탕을 적게 먹으면 단맛을 찾게 됩니다.
② 설탕 대신 과일을 넣으면 더 맛있습니다.
③ 설탕을 많이 먹으면 점점 더 많이 먹게 됩니다.
④ 단것이 마시고 싶으면 슈퍼에서 파는 과일 주스를 드십시오.

Explanation

53 (㉠) 앞에서 '단맛'을 찾을 때 설탕을 넣게 된다고 했고 뒤에서 설탕 대신에 '단' 과일 넣으라고 했습니다.

Before (㉠), it says that you add sugar to food when you are craving "단맛 (something sweet)." After (㉠), the narrator asks you to add sweet fruit instead of sugar.

54 '단것을 자주 먹으면' 음식에 설탕을 많이 넣게 된다고 했습니다.

The narrator says that "단것을 자주 먹으면 (if you eat too many sweets)," you end up adding more sugar.

55~56 다음을 읽고 물음에 답하십시오.

텔레비전은 좋은 점이 있습니다. 뉴스를 알 수 있고 재미있는 방송을 보면서 스트레스도 풀 수 있습니다. (㉠) 나쁜 점도 적지 않습니다. 텔레비전을 보는 데 긴 시간을 사용하면 가족들과 이야기하는 시간이 짧아지고 생각하는 시간이 없어집니다. 또 아이들이 텔레비전에 나오는 나쁜 말을 따라 할 수도 있습니다.

어휘 및 표현 Vocabulary & Expressions

방송 broadcasting
스트레스를 풀다 to release stress
좋은 점 ↔ 나쁜 점 good point ↔ bad point
따라 하다 to follow

55 ㉠에 들어갈 말로 가장 알맞은 것을 고르십시오. **2점**

① 그러면 ② 그러나
③ 그리고 ④ 그래서

56 윗글의 내용과 같은 것을 고르십시오. **3점**

① 아이들은 텔레비전을 보면 스트레스를 받습니다.
② 가족들과 이야기하면 생각하는 시간이 없어집니다.
③ 가족들은 텔레비전을 보면서 더 많이 이야기합니다.
④ 아이들이 텔레비전을 보고 나쁜 말을 배울 수 있습니다.

Explanation

55 (㉠) 앞뒤 문장의 관계를 보고 반대되는 내용을 이어 주는 접속사를 골라야 합니다.

The sentences before and after (㉠) talk about TV's good and bad points, respectively, so you need a conjunctive adverb that is used when the preceding and the following sentences contrast with each other.

56 '아이들이 텔레비전에 나오는 나쁜 말을 따라 할 수도 있다.'라고 했습니다.

The text says that "children can repeat bad words that they hear from the TV."

문 제 유 형
Question Type
07 순서대로 문장 배열하기
Arranging sentences in order

57~58 다음을 순서에 맞게 배열한 것을 고르십시오.

어휘 및 표현
Vocabulary & Expressions

초대장 invitation
잃어버리다 to lose

57 3점

(가) 그런데 친구가 준 초대장을 잃어버렸습니다.
(나) 친구가 저에게 생일 파티 초대장을 줬습니다.
(다) 친구의 생일 파티에 가서 생일을 축하해 주었습니다.
(라) 그래서 친구에게 전화해서 파티 장소와 시간을 물어봤습니다.

① (나) - (라) - (가) - (다)
② (나) - (가) - (다) - (라)
③ (나) - (라) - (다) - (가)
④ (나) - (가) - (라) - (다)

Explanation

선택지 ①, ②, ③, ④, 모두 (나)로 시작하므로 첫 문장을 토대로 순서를 찾습니다. '그래서'는 인과 관계, '그런데'는 상반 관계 문장을 연결합니다. 초대장을 받는 내용 뒤에 잃어버리는 내용이 나오는 것이 적절합니다. 그리고 파티에 가기 전에 파티 장소를 물어야 합니다.

As all four choices start with (나), you should find the order based on the first sentence. "그래서 (therefore)" connects two sentences that have a causal relationship. "그런데 (however)" connects two sentences that have contradictory meanings. It is appropriate for losing the invitation to come after receiving the invitation, and the party venue should be asked about before the narrator goes to the party.

58 2점

(가) 그중에서 제일 인기가 많은 음식은 삼계탕입니다.
(나) 그래서 사람들은 건강에 좋은 음식을 많이 찾습니다.
(다) 한국의 여름은 더워서 조금만 움직여도 피곤해집니다.
(라) 삼계탕으로 유명한 식당은 예약하지 않으면 자리가 없습니다.

① (다) - (나) - (라) - (가)
② (다) - (가) - (나) - (라)
③ (다) - (나) - (가) - (라)
④ (다) - (가) - (라) - (나)

인기 popularity
삼계탕 *samgyetang* (chicken and ginseng soup)
피곤하다 to be tired
자리 seat

Explanation

그중에서 제일 인기 많은 '음식'을 소개하니까 (가) 앞에는 여러 가지 음식에 대한 내용이 나와야 합니다.

(가) introduces the most famous "음식 (food)" among the foods listed, so various food have to be mentioned before (가).

문 제 유 형
Question Type

08 지문을 읽고 두 개의 문제 해결하기

Reading a passage and answering two questions

59~60 다음을 읽고 물음에 답하십시오.

여행을 떠날 때는 이것저것 준비해야 할 것이 많습니다. (㉠) 필요한 것을 모두 가지고 갈 수 있다면 좋을 것입니다. (㉡) 특히 배낭여행을 할 때에 짐이 많으면 몸이 금방 피곤해져서 여러 곳을 구경할 수 없게 됩니다. (㉢) 짐을 가볍게 싸는 것이 즐거운 여행을 하는 좋은 방법입니다. (㉣)

어휘 및 표현
Vocabulary & Expressions

특히 especially
배낭여행 backpacking trip
구경하다 to go sightseeing
짐을 싸다 to pack

59 다음 문장이 들어갈 곳으로 가장 알맞은 것을 고르십시오. 2점

하지만 짐이 무거워지면 여행이 힘들어지기 쉽습니다.

① ㉠ ② ㉡ ③ ㉢ ④ ㉣

60 윗글의 내용과 같은 것을 고르십시오. 3점

① 배낭여행은 다른 여행보다 피곤합니다.
② 즐거운 여행을 하려면 짐이 가벼워야 합니다.
③ 배낭여행은 많은 곳을 구경할 수 있어서 좋습니다.
④ 여행을 떠날 때 필요한 물건을 모두 가지고 가야 합니다.

Explanation

59 ㉡ 뒤의 문장, '특히 배낭여행을 할 때에 짐이 많으면'은 앞 문장을 보충하는 내용이므로 문장 앞에 짐과 관련된 내용이 필요합니다.

The phrase followed by ㉡ "특히 배낭여행을 할 때에 짐이 많으면 (especially if there is a lot of luggage during a backpacking trip)" elaborates on the preceding sentence, so you, therefore, need a sentence related to luggage.

60 '짐을 가볍게 싸는 것이 즐거운 여행을 하는 좋은 방법'이라고 했습니다.

The text says that "짐을 가볍게 싸는 것이 즐거운 여행을 하는 좋은 방법 (packing lightly is a good way to have a pleasant trip)."

61~62 다음을 읽고 물음에 답하십시오. (각 2점)

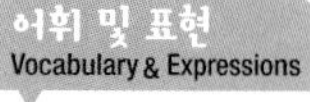

음악회 concert
미리 in advance
신청하다 to apply
무대 stage
올라가다 to go up

61 ㉠에 들어갈 말로 가장 알맞은 것을 고르십시오.

> 요즘 여의도역에서는 점심시간마다 작은 음악회가 열리고 있습니다. 이 음악회는 서울시가 근처 직장인들을 위해 준비한 것으로 전통 음악부터 K-Pop까지 매일 다른 다양한 음악을 들을 수 있어서 (㉠). 또 미리 홈페이지에 신청한 직장인들은 직접 무대에 올라가서 공연을 할 수 있습니다.

① 바쁘지 않습니다
② 느리지 않습니다
③ 무겁지 않습니다
④ 지루하지 않습니다

62 윗글의 내용과 같은 것을 고르십시오.

① 가수나 연주자만 공연을 할 수 있습니다.
② 이 음악회는 모든 지하철역에서 열립니다.
③ 공연을 하고 싶으면 미리 신청을 해야 합니다.
④ 직장인들이 지하철역에서 음악회를 시작했습니다.

Explanation

61 '다양한 음악을 들을 수 있어서' 어떠한 결과가 나타났는지 찾아야 합니다.

You should infer the result of "다양한 음악을 들을 수 있어서 (enjoying various genres of music)."

62 공연을 할 수 있는 사람은 '미리 홈페이지에 신청한 직장인들'이라고 했습니다.

The text says that the people who can perform are "미리 홈페이지에 신청한 직장인들 (office workers who applied in advance via the website)."

63~64 다음을 읽고 물음에 답하십시오.

대회 contest
유학생 international student
무료 ↔ 유료 free of charge ↔ charged
참가자 participant

학생 여러분 안녕하십니까? 한글날에 대강당에서 제3회 '외국인 한국어 말하기 대회'를 합니다. 외국인 유학생들이 자기의 한국 생활 이야기를 3분 정도 말하는 대회입니다. 대회는 10월 9일 9시에 시작해서 11시에 끝납니다. 대회에 오셔서 유학생들의 이야기를 들어 주십시오. 대회 후에는 함께 비빔밥을 만들어서 식사하려고 합니다. 식사비는 무료입니다.

63 왜 윗글을 썼는지 맞는 것을 고르십시오. **2점**

① 참가자에게 장소를 안내하려고
② 말하기 대회 참석을 부탁하려고
③ 말하기 대회 신청을 확인하려고
④ 참가자에게 시간을 안내하려고

64 윗글의 내용과 같은 것을 고르십시오. **3점**

① 한글날은 10월 9일입니다.
② 비빔밥을 먹고 싶으면 돈을 내야 합니다.
③ 전에 한국어 말하기 대회를 3번 했습니다.
④ 대회 후에는 비빔밥을 파는 식당에 갈 겁니다.

Explanation

63 '대회에 오셔서 들어 주십시오.'라고 했습니다.
The narrator said, "대회에 오셔서 들어 주십시오. (Please come to the contest and listen to their stories)."

64 한글날에 대회를 한다고 했습니다. 제3회는 세 번째라는 뜻입니다.
The narrator said that the Korean Speech Contest will be held on Hangeul Day. "제3회" means "the 3rd."

65~66 다음을 읽고 물음에 답하십시오.

관계 relationship
신선하다 to be fresh
말리다 to dry
상하다 to go bad
보관하다 to preserve

> 요즘은 냉장고를 사용하기 때문에 계절에 관계없이 신선한 음식을 먹을 수 있습니다. 그러나 옛날에는 냉장고가 없어서 온도가 높은 여름에는 음식을 오래 보관할 수 없었습니다. 그래서 채소나 과일은 말리고 고기나 생선같이 (㉠) 재료는 소금을 많이 넣어서 짜게 만든 후 보관하였습니다.

65 ㉠에 들어갈 말로 가장 알맞은 것을 고르십시오. 2점

① 차가운　　② 온도가 높은
③ 상하기 쉬운　　④ 오래 먹을 수 있는

66 윗글의 내용과 같은 것을 고르십시오. 3점

① 생선과 고기는 말려서 보관합니다.
② 음식에 소금을 넣으면 온도가 낮아집니다.
③ 요즘은 겨울에만 신선한 음식을 먹을 수 있습니다.
④ 요즘은 여름에도 신선한 음식을 먹을 수 있습니다.

Explanation

65 옛날에는 여름에 음식을 오래 보관할 수 없다고 했습니다.
The text says that in the old days, food couldn't be kept for a long time in the summer.

66 요즘은 '계절에 관계없이' 신선한 음식을 먹을 수 있다고 했습니다.
The phrase "계절에 관계없이(regardless of seasons)" hints that you can also eat fresh food in summer.

67~68 다음을 읽고 물음에 답하십시오. (각 3점)

어휘 및 표현
Vocabulary & Expressions

날마다 every day
빈자리 vacant seat
서다 to stand

저는 날마다 지하철로 출근하는데 평일 아침 7시부터 9시까지는 빈자리가 없어서 서서 갈 때가 많습니다. 그래서 저는 앉아서 가려고 아침 6시쯤 지하철을 탑니다. 일찍 일어나는 것이 (㉠) 편하게 갈 수 있어서 좋습니다. 보통 라디오를 들으면서 가는데 재미있는 이야기를 듣다가 내려야 할 역을 지나쳐서 지각을 한 적도 있습니다.

67 ㉠에 들어갈 말로 가장 알맞은 것을 고르십시오.

① 힘들지만 ② 힘드니까
③ 힘들지 않아서 ④ 힘들기 때문에

68 윗글의 내용과 같은 것을 고르십시오.

① 회사에 날마다 지각합니다.
② 6시쯤에는 지하철에 빈자리가 있습니다.
③ 스마트폰을 구경하는 것은 재미있습니다.
④ 이 사람은 보통 7시부터 9시 사이에 출근합니다.

Explanation

67 ㉠ 앞의 '일찍 일어나는 것이 힘들다.'와 뒤의 '편하게 갈 수 있다.'는 상반됩니다. 상반된 내용을 이어 주는 연결 어미를 찾아야 합니다.

The preceding sentence, "일찍 일어나는 것이 힘들다. (It is hard to wake up early.)," and the sentence that follows, "편하게 갈 수 있다. (I can go to work comfortably.)," contradict each other. A connective ending that connects two sentences that contradict each other is needed.

68 글쓴이는 '앉아서 가려고' 6시에 지하철을 탄다고 했습니다. 그러므로 6시쯤에는 지하철에 빈자리가 있다는 것을 알 수 있습니다.

The narrator said that they take the subway at around 6 in the morning "앉아서 가려고 (in order to get a seat on the subway)." Therefore, you can infer that there are seats available on the subway at around 6.

69~70 다음을 읽고 물음에 답하십시오. (각 3점)

통장 bankbook, bank occount
창구 counter
서투르다 to be bad at
실수 mistake

저는 한국에 온 지 한 달밖에 안 되었습니다. 오늘 한국 통장을 만들러 처음으로 은행에 갔습니다. 번호표를 받고 20분 정도 기다린 후에 은행원이 제 번호를 불러서 창구로 갔습니다. 한국어가 서투르기 때문에 긴장됐습니다. (㉠) 할 말을 미리 연습했는데 은행원이 제 말을 잘 들어 주고 친절하게 도와줘서 통장을 만들 수 있었습니다. 앞으로도 계속 이 은행을 이용할 생각입니다.

69 ㉠에 들어갈 말로 가장 알맞은 것을 고르십시오.

① 실수하면

② 실수하기 위해서

③ 실수한 것 같아서

④ 실수하지 않으려고

70 윗글의 내용으로 알 수 있는 것을 고르십시오.

① 번호표를 받는 데 20분 정도가 걸립니다.

② 한국어가 서툴러도 통장을 만들 수 있었습니다.

③ 통장을 만들려면 한국어를 많이 연습해야 합니다.

④ 한국에 온 지 한 달 후부터 통장을 만들 수 있습니다.

PART 2 | 유형별 연습 문제

Explanation

69 이 사람은 한국말이 서투릅니다. ㉠에는 할 말을 미리 연습한 목적이 나와야 합니다.

Based on the narrator's statement, they are not good at Korean. The purpose of their practicing Korean in advance should be chosen for the answer.

70 '한국어가 서투르다'고 했지만 친절하게 도와줘서 '통장을 만들었다'고 했습니다. 그리고 번호표를 받은 후 20분을 기다렸습니다.

The narrator says that "I'm not good at Korean, but I was able to open an account" with help from the bank teller. And the narrator waited for about 20 minutes after taking a number.

PART 3

실전 모의고사

Mock Tests

3rd Edition

실전 모의고사 1회 Mock Test 1

듣기 Listening

읽기 Reading

듣기 Listening 실전모의고사

Track 17~26

※ [1~4] 다음을 듣고 〈보기〉와 같이 물음에 맞는 대답을 고르십시오.

〈 보기 〉

가: 공부를 해요?

나: ____________

❶ 네, 공부를 해요. ② 아니요, 공부예요.

③ 네, 공부가 아니에요. ④ 아니요, 공부를 좋아해요.

1. (4점)

① 네, 회사원이에요. ② 아니요, 회사원이 있어요.

③ 네, 회사원이 아니에요. ④ 아니요, 회사원이 많아요.

2. (4점)

① 네, 친구가 없어요. ② 아니요, 친구가 있어요.

③ 네, 친구가 많아요. ④ 아니요, 친구를 만나요.

3. (3점)

① 피자를 먹어요. ② 김밥을 좋아해요.

③ 음식을 좋아해요. ④ 비빔밥을 먹었어요.

4. (3점)

① 친구하고 갈 거예요. ② 버스를 탈 거예요.

③ 다음 주에 갈 거예요. ④ 동생을 만나러 갈 거예요.

※ [5~6] 다음을 듣고 <보기>와 같이 이어지는 말을 고르십시오.

보기

가: 늦어서 미안해요.

나: ____________

① 고마워요. ❷ 아니에요.

③ 죄송해요. ④ 부탁해요.

5. (4점)

① 네, 맞습니다. ② 네, 다시 걸겠습니다.

③ 네, 죄송합니다. ④ 네, 잠깐만 기다리세요.

6. (3점)

① 네, 괜찮습니다. ② 네, 실례합니다.

③ 네, 잘 먹겠습니다. ④ 네, 잘 먹었습니다.

※ [7~10] 여기는 어디입니까? <보기>와 같이 알맞은 것을 고르십시오.

보기

가: 내일까지 숙제를 꼭 내세요.

나: 네, 선생님.

① 빵집 ② 호텔 ❸ 교실 ④ 병원

7. (3점)

① 옷 가게 ② 신발 가게 ③ 모자 가게 ④ 가방 가게

8. (3점)

① 병원 ② 공원 ③ 학교 ④ 식당

9. (3점)

① 문구점 ② 편의점 ③ 전자 상가 ④ 엘리베이터

10. (4점)

① 택시 ② 버스 ③ 정류장 ④ 지하철

※ [11~14] 다음은 무엇에 대해 말하고 있습니까? 〈보기〉와 같이 알맞은 것을 고르십시오.

보기

가: 이 아파트에 살아요?

나: 네, 5층에 살아요.

❶ 집 ② 역 ③ 주소 ④ 달력

11. (3점)

① 편지 ② 시간 ③ 날짜 ④ 장소

12. (3점)

① 옷 ② 선물 ③ 휴일 ④ 영수증

13. (4점)

① 일 ② 취미 ③ 주말 ④ 운동

14. (3점)

① 머리 ② 가족 ③ 동료 ④ 나이

※ [15~16] 다음을 듣고 가장 알맞은 그림을 고르십시오. (각 4점)

15. ① 

② 

③

④ 

16. ① 

② 

③ 

④ 

※ [17~21] 다음을 듣고 〈보기〉와 같이 대화 내용과 같은 것을 고르십시오. (각 3점)

보 기

남자: 요즘 한국어를 공부해요?

여자: 네. 한국 친구한테서 한국어를 배워요.

① 남자는 학생입니다. ② 여자는 학교에 다닙니다.

③ 남자는 한국어를 가르칩니다. ❹ 여자는 한국어를 공부합니다.

17. ① 보통 우편은 2만 원입니다.
② 빠른우편은 중국까지 3주 걸립니다.
③ 보통 우편은 중국까지 일주일 걸립니다.
④ 여자는 물건을 빠른우편으로 보낼 겁니다.

18. ① 남자는 12동 1층에 삽니다.
② 여자는 관리실 위치를 모릅니다.
③ 의자를 무료로 버릴 수 있습니다.
④ 쓰레기를 버릴 때는 관리실에 말해야 합니다.

19. ① 남자는 여권을 잃어버렸습니다.
② 여자는 방을 예약하려고 합니다.
③ 방을 예약할 때는 여권이 필요합니다.
④ 남자는 예약한 방을 확인하러 왔습니다.

20. ① 남자는 2시 버스를 타려고 합니다.
② 남자는 가족과 함께 평창에 갑니다.
③ 1시 버스에는 두 명만 탈 수 있습니다.
④ 1시 20분에 출발하는 버스가 있습니다.

21. ① 중국집은 지금 굉장히 바쁩니다.
② 주문하는 데 한 시간이 걸렸습니다.
③ 카드 계산은 식당에서만 가능합니다.
④ 여자는 짜장면을 한 시간쯤 기다렸습니다.

※ **[22~24] 다음을 듣고 여자의 중심 생각을 고르십시오. (각 3점)**

22. ① 남자를 계속 기다릴 겁니다.
② 남자가 늦어서 기분이 나쁩니다.
③ 남자를 기다리게 해서 미안합니다.
④ 남자와 다른 날에 만나고 싶습니다.

23. ① 영수증을 받고 싶습니다.
② 큰 가방으로 바꾸고 싶습니다.
③ 가방 모양이 마음에 들지 않습니다.
④ 가방을 다른 상품으로 바꾸고 싶습니다.

24. ① 이메일을 빨리 받고 싶습니다.
② 자료를 팩스로 다시 받고 싶습니다.
③ 자료를 이메일로 다시 받고 싶습니다.
④ 남자가 보낸 자료가 마음에 들지 않습니다.

※ **[25~26] 다음을 듣고 물음에 답하십시오.**

25. 여자가 왜 이 이야기를 하고 있는지 고르십시오. (3점)
① 엘리베이터를 판매하려고
② 엘리베이터를 새로 바꾸려고
③ 엘리베이터 수리를 안내하려고
④ 엘리베이터 수리를 요청하려고

26. 들은 내용과 같은 것을 고르십시오. (4점)
① 6시부터 수리할 계획입니다.
② 수리하는 데 5시간이 걸립니다.
③ 5시에는 엘리베이터를 사용할 수 있습니다.
④ 6시까지 엘리베이터와 계단을 이용할 수 없습니다.

※ **[27~28] 다음을 듣고 물음에 답하십시오.**

27. 두 사람이 무엇에 대해 이야기를 하고 있는지 고르십시오. (3점)
① 한국의 문화
② 집들이 방법
③ 집들이 선물
④ 인사동의 분위기

28. 들은 내용과 같은 것을 고르십시오. (4점)

① 여자는 신혼부부의 집에 간 적이 없습니다.

② 여자는 집들이에 휴지와 세제를 사 갈 겁니다.

③ 인사동에서 그림 액자를 싸게 살 수 있습니다.

④ 집들이는 특별한 날에 손님을 집으로 초대하는 문화입니다.

※ **[29~30] 다음을 듣고 물음에 답하십시오.**

29. 여자가 이곳에 온 이유를 고르십시오. (3점)

① 눈이 나빠져서

② 잠을 잘 못 자서

③ 약을 받고 싶어서

④ 운동 방법을 알고 싶어서

30. 들은 내용과 같은 것을 고르십시오. (4점)

① 여자는 일주일 후에 다시 와야 합니다.

② 커피는 하루에 한 잔만 마셔야 합니다.

③ 자기 전에 운동을 하면 잘 잘 수 있습니다.

④ 여자는 어두운 곳에서 노트북을 사용합니다.

읽기 Reading 실전모의고사

※ [31~33] 무엇에 대한 내용입니까? 〈보기〉와 같이 알맞은 것을 고르십시오. (각 2점)

보기

사과가 있습니다. 그리고 배도 있습니다.

① 요일 ② 공부 ❸ 과일 ④ 생일

31.

친구들을 초대했습니다. 케이크를 먹고 선물을 많이 받았습니다.

① 취미 ② 음식 ③ 생일 ④ 날씨

32.

사과는 빨갛습니다. 하늘은 파랗습니다.

① 색깔 ② 과일 ③ 취미 ④ 방학

33.

주말에 백화점에 갔습니다. 가격이 싸서 바지와 티셔츠를 많이 샀습니다.

① 장소 ② 약속 ③ 수업 ④ 쇼핑

※ [34~39] 〈보기〉와 같이 (　　　)에 들어갈 말로 가장 알맞은 것을 고르십시오.

보기

날씨가 좋습니다. (　　　)이 맑습니다.

① 눈 ② 밤 ❸ 하늘 ④ 구름

34. (2점)

월요일( ) 금요일까지 회사에서 일합니다.

① 에 ② 하고 ③ 부터 ④ 에서

35. (2점)

지갑에 돈이 없습니다. 그래서 은행에 돈을 ( ) 갑니다.

① 내러 ② 보내러 ③ 받으러 ④ 찾으러

36. (2점)

운동을 해서 목이 마릅니다. ( )을 마시고 싶습니다.

① 빵 ② 물 ③ 축구 ④ 신발

37. (3점)

높은 구두를 신고 오래 걸었습니다. 그래서 다리가 ( ).

① 깁니다 ② 춥습니다
③ 예쁩니다 ④ 아픕니다

38. (3점)

친구가 전화를 안 받습니다. 이따가 ( ) 전화하겠습니다.

① 곧 ② 거의 ③ 다시 ④ 별로

39. (2점)

우체국은 3번 출구 앞에 있습니다. 3번 출구로 ( ).

① 나가십시오 ② 들어오십시오
③ 들어가십시오 ④ 내려오십시오

※ [40~42] 다음을 읽고 맞지 않는 것을 고르십시오.(각 3점)

40.

가족 사랑 음악회

일시: 2022년 4월 23일 (토) ~ 2022년 4월 30일 (토) 오후 5시

장소: 하나극장

예매: (02) 777-1243 http://www.yesul.com *홈페이지 예매 시 10% 할인

가격: VIP석 70,000원 R석 50,000원 A석 30,000원

① 4월 말까지만 공연합니다.

② 자리마다 가격이 다릅니다.

③ 인터넷으로도 예매할 수 있습니다.

④ 전화로 예매하면 더 싸게 살 수 있습니다.

41.

사랑 주식회사

부장 나 연 숙

주소: 서울시 강남구 역삼동 21 하나빌딩 3층

회사: (02) 563-3226

H.P.: 010-1234-5789

① 나연숙 씨는 부장입니다.

② 회사가 역삼동에 있습니다.

③ 사랑 주식회사에서 근무합니다.

④ 집 전화번호는 (02) 563-3226입니다.

42.

- 노트북을 팝니다 -

사용 기간: 1년 (작년 7월에 샀습니다.)

A/S 기간: 구입 후 2년

가격: 80만 원 (처음 가격: 120만 원)

휴대 전화: 010-5789-1234 (21시 이후에는 문자를 보내 주세요.)

① 노트북을 작년 여름에 샀습니다.

② 21시까지만 문자를 보내 주십시오.

③ 내년 7월까지 A/S를 받을 수 있습니다.

④ 처음 살 때 가격은 120만 원이었습니다.

※ **[43~45] 다음을 읽고 내용이 같은 것을 고르십시오.**

43. (3점)

제 하숙집은 학교 근처에 있습니다. 개인 화장실이 있고 깨끗합니다. 아침을 먹을 수 있고 아주머니도 친절합니다.

① 학교와 하숙집이 멉니다.

② 화장실을 혼자 쓸 수 있습니다.

③ 아주머니가 요리를 잘하십니다.

④ 아침과 저녁 식사를 할 수 있습니다.

44. (2점)

오늘 누나와 집 앞 공원에 놀러 갔습니다. 공원에서 자전거를 타고 꽃도 구경했습니다. 7시쯤에 집에 돌아왔습니다.

① 어제 공원에 갔습니다.
② 7시쯤에 공원에 갔습니다.
③ 공원이 집 앞에 있습니다.
④ 자전거를 타고 공원에 갔습니다.

45. (3점)

행복주유소가 한국대학교 앞으로 이사했습니다. 이번 주까지 기름을 넣으시는 분들께 선물로 영화표를 드립니다.

① 다음 주에는 영화표를 주지 않습니다.
② 기름을 넣는 사람에게 상품권을 줍니다.
③ 주유소에 오는 사람에게 영화표를 줍니다.
④ 한국대학교가 주유소 근처로 이사했습니다.

※ [46~48] **다음을 읽고 중심 내용을 고르십시오.**

46. (3점)

이번 여름휴가 때 일본에 가기로 했습니다. 도쿄 타워에서 야경을 보고 기념품을 사고 불꽃 축제에도 갈 겁니다. 여름이 빨리 오면 좋겠습니다.

① 저는 도쿄 야경을 보고 싶습니다.
② 저는 일본에 빨리 가고 싶습니다.
③ 저는 일본 기념품을 사고 싶습니다.
④ 저는 불꽃 축제에 참가하고 싶습니다.

47. (3점)

저는 매일 자전거로 출근합니다. 자전거를 타면 기분이 좋고 스트레스가 풀립니다. 주말에도 아이들과 자전거를 타고 한강에 갑니다.

① 주말에도 자전거를 타고 싶습니다.

② 아이들과 자전거를 타고 싶습니다.

③ 저는 자전거를 타는 것이 즐겁습니다.

④ 자전거를 타고 출근하는 것이 좋습니다.

48. (2점)

저는 노래를 못합니다. 제 친구는 가수처럼 잘합니다. 그래서 저도 친구처럼 되고 싶습니다.

① 제 친구는 가수입니다.

② 저는 노래를 좋아합니다.

③ 제 친구는 노래를 잘합니다.

④ 저는 노래를 잘하고 싶습니다.

※ **[49~50] 다음을 읽고 물음에 답하십시오. (각 2점)**

우리 가족은 주말마다 가족 신문을 만듭니다. 남편과 저의 회사 이야기, 아이들의 학교 이야기를 한 후 함께 글을 쓰고 그림을 그립니다. 전에는 아이들이 글쓰기를 싫어해서 걱정했는데 신문을 (㉠) 아이들이 글 쓰는 것을 즐거워합니다.

49. ㉠에 들어갈 말로 가장 알맞은 것을 고르십시오.

① 만들면　　② 만들어도

③ 만든 후부터　　④ 만들 수 있어서

50. 윗글의 내용과 같은 것을 고르십시오.

① 아이들이 글쓰기를 즐거워합니다.

② 한 달에 한 번 가족 신문을 만듭니다.

③ 아이들은 전에 글쓰기를 못했습니다.

④ 아이들이 글을 쓰고 아빠는 그림을 그립니다.

※ **[51~52] 다음을 읽고 물음에 답하십시오.**

많이 웃는 사람이 행복해집니다. 웃을 때 우리 몸에서는 '엔도르핀'이 나와서 힘이 납니다. 웃음은 좋은 운동입니다. 100번 웃으면 10분 동안 농구를 한 것과 같습니다. 슬플 때 웃긴 영화를 (㉠) 만화책을 읽으면 슬픈 생각을 잊어버립니다. 많이 웃으면 행복이 찾아옵니다.

51. ㉠에 들어갈 말로 가장 알맞은 것을 고르십시오. (3점)

① 봐도　　② 볼 때　　③ 보거나　　④ 보지만

52. 무엇에 대한 이야기인지 맞는 것을 고르십시오. (2점)

① 웃음에 좋은 운동

② 웃음과 행복의 관계

③ 슬픔을 줄이는 방법

④ 스트레스에 도움이 되는 운동

※ [53~54] 다음을 읽고 물음에 답하십시오.

저는 취직을 준비하고 있습니다. 회사에 다니고 있는 친구들은 (㉠) 회사가 최고라고 합니다. 그러나 저는 돈보다 저와 맞는 일을 찾는 게 중요합니다. 돈을 많이 벌어도 일이 즐겁지 않으면 오래 할 수 없기 때문입니다. 그래서 저는 시간이 오래 걸려도 즐거운 일을 할 수 있는 회사를 찾을 겁니다.

53. ㉠에 들어갈 말로 가장 알맞은 것을 고르십시오. (2점)

① 퇴근이 빠른

② 할 일이 적은

③ 분위기가 좋은

④ 월급을 많이 주는

54. 윗글의 내용과 같은 것을 고르십시오. (3점)

① 빨리 취직하고 싶습니다.

② 지금 하는 일이 즐겁지 않습니다.

③ 즐겁지 않은 일은 오래 할 수 없습니다.

④ 저와 맞고 돈을 많이 버는 일을 찾습니다.

※ [55~56] 다음을 읽고 물음에 답하십시오.

우리 회사는 회식을 자주 하는데 장소를 선택하기 어려울 때마다 '행복뷔페'를 이용합니다. 행복뷔페에서는 12,000원에 한식, 일식, 중식, 양식 등 모든 음식을 먹을 수 있습니다. (㉠) 메뉴를 고민할 필요가 없습니다. 주말에는 평일보다 3,000원을 더 내야 하지만 특별 메뉴가 나오고 와인을 마실 수 있기 때문에 뷔페를 찾는 사람이 더 많습니다.

55. ㉠에 들어갈 말로 가장 알맞은 것을 고르십시오. (2점)

① 그래서 ② 그리고 ③ 그런데 ④ 그러면

56. 윗글의 내용과 같은 것을 고르십시오. (3점)

① 우리 회사는 회식이 많지 않습니다.

② 12,000원에 와인도 마실 수 있습니다.

③ 평일 점심에는 특별 메뉴가 나오지 않습니다.

④ 한식, 일식, 중식, 양식 중 한 가지를 먹을 수 있습니다.

※ **[57~58] 다음을 순서에 맞게 배열한 것을 고르십시오.**

57. (3점)

(가) 따라서 옷은 직접 입어 보고 사는 것이 좋습니다.

(나) 최근 인터넷으로 물건을 구매하는 사람들이 점점 많아지고 있습니다.

(다) 하지만 옷은 입어 볼 수 없기 때문에 사이즈가 맞지 않는 경우가 있습니다.

(라) 짧은 시간에 여러 상품을 구경할 수 있고 가게를 돌아다니지 않아도 되기 때문입니다.

① (나)-(다)-(가)-(라)
② (나)-(라)-(다)-(가)
③ (나)-(다)-(라)-(가)
④ (나)-(라)-(가)-(다)

58. (2점)

(가) 그래서 집에서 우산을 가지고 나왔습니다.

(나) 그런데 지하철 선반에 우산을 놓고 내렸습니다.

(다) 아침에 하늘이 흐렸습니다. 비가 올 것 같았습니다.

(라) 밖으로 나왔을 때 비가 내려서 비를 맞으면서 학교에 갔습니다.

① (다)-(가)-(나)-(라)
② (다)-(나)-(라)-(가)
③ (다)-(가)-(라)-(나)
④ (다)-(나)-(가)-(라)

※ [59~60] 다음을 읽고 물음에 답하십시오.

발이 건강해야 몸도 건강합니다. (㉠) 신발을 고를 때에는 굽이 낮고 자기의 발보다 조금 큰 사이즈를 선택하는 것이 좋습니다. 걸을 때는 조금 빠른 걸음으로 걷고 (㉡) 실내에서는 신발을 벗고 공기가 통하게 하십시오. (㉢) 발이 피곤한 날에는 따뜻한 물에 담근 후에 마사지를 하고 발이 붓는 분은 잘 때 다리를 높은 곳에 놓고 주무십시오. (㉣)

59. 다음 문장이 들어갈 곳으로 가장 알맞은 것을 고르십시오.

신발을 오래 신고 있으면 발이 습해질 수 있으니까

① ㉠ ② ㉡ ③ ㉢ ④ ㉣

60. 윗글의 내용과 같은 것을 고르십시오.

① 발에 딱 맞는 크기의 신발을 골라야 합니다.
② 빨리 걷는 것보다 천천히 걷는 것이 좋습니다.
③ 발이 피곤하면 마사지 후 따뜻한 물로 씻으십시오.
④ 발이 붓는 사람은 발을 높은 곳에 놓으면 좋습니다.

※ **[61~62] 다음을 읽고 물음에 답하십시오. (각 2점)**

> 매년 700만 명이 방문하는 서울에 시티투어 버스가 생겼습니다. 출발 장소인 광화문에서 버스를 탄 후 원하는 장소에 내려서 구경하고, 내린 장소에서 다음 버스를 타면 됩니다. 이용 시간은 오전 9시부터 오후 9시고 월요일은 운행하지 않습니다. 의자마다 관광지 안내를 들을 수 있는 기계가 있습니다. (㉠) 여행책을 찾지 않아도 됩니다.

61. ㉠에 들어갈 말로 가장 알맞은 것을 고르십시오.

① 그래서 ② 그리고 ③ 그러나 ④ 그러면

62. 윗글의 내용과 같은 것을 고르십시오.

① 월요일부터 토요일까지 운행합니다.
② 매년 700만 명이 버스를 이용합니다.
③ 첫차는 광화문에서 9시에 출발합니다.
④ 버스 기사님이 관광지를 안내해 줍니다.

※ **[63~64] 다음을 읽고 물음에 답하십시오.**

> 학생 여러분 '김치 만들기' 행사에 신청해 주셔서 감사합니다. 이번 주 토요일 오전 10시부터 1시까지 1층 대강당에서 합니다. 12부터 1시까지는 점심시간입니다. 학생식당으로 오시면 김밥과 물을 드립니다. 식사 후에 1층에서 같이 사진을 찍겠습니다. 토요일에 뵙겠습니다.

63. 왜 윗글을 썼는지 맞는 것을 고르십시오. (2점)

① 김치 만들기를 소개하려고
② 김치 만들기에 초대하려고
③ 김치 만들기 행사 정보를 안내하려고
④ 김치 만들기 신청 방법을 안내하려고

64. 윗글의 내용과 같은 것을 고르십시오. (3점)

① 김치는 2시간 동안 만듭니다.

② 학생 식당에서 김밥과 물을 팝니다.

③ 이번 주 토요일까지 신청하면 됩니다.

④ 1층에서 사진을 찍고 김치 만들기를 시작합니다.

※ **[65~66] 다음을 읽고 물음에 답하십시오.**

해외여행 전에 준비하면 좋은 것들이 있습니다. 먼저, 여행할 곳의 날씨를 알아보고 날씨에 맞는 옷만 싸서 필요 없는 짐을 줄이십시오. 공항은 환율이 비싸니까 여행 시 쓸 비용을 계산하여 집 근처 은행에서 (㉠) 놓으십시오. 그리고 여행지의 문화와 역사를 공부해 가면 더 많은 것을 느끼고 경험할 수 있으니까 관련된 책을 미리 읽고 가십시오.

65. ㉠에 들어갈 말로 가장 알맞은 것을 고르십시오. (2점)

① 예약해 ② 환전해 ③ 확인해 ④ 취소해

66. 윗글의 내용과 같은 것을 고르십시오. (3점)

① 여행지에서 날씨에 맞는 옷을 삽니다.

② 책의 내용과 여행지에서의 경험은 다릅니다.

③ 집 근처 은행은 공항보다 환전 방법이 간단합니다.

④ 여행할 곳의 문화와 역사를 공부하는 것이 좋습니다.

※ [67~68] **다음을 읽고 물음에 답하십시오.** (각 3점)

한옥과 아파트는 문을 여는 방법에 차이가 있습니다. 한옥은 문을 밖에서 안으로 밀어서 여는 방식이라 들어가는 게 쉽지만 아파트는 안에서 밖으로 미는 방식으로 나가기 쉽게 지었습니다. 한옥은 손님에게 문을 열어 줄 때 집주인이 한 발 뒤로 (㉠) 문을 당기지만 아파트는 손님이 한 발 뒤로 가야 해서 불편합니다. 옛날 사람들은 다른 사람을 먼저 생각해서 문을 만든 것 같습니다.

67. ㉠에 들어갈 말로 가장 알맞은 것을 고르십시오.

① 가면 ② 가니까 ③ 가면서 ④ 가려고

68. 윗글의 내용과 같은 것을 고르십시오.

① 한옥은 문이 밖으로 열립니다.

② 한옥은 손님이 문을 당겨서 엽니다.

③ 아파트는 들어가기 쉽게 만들어졌습니다.

④ 아파트는 문을 열 때 손님이 뒤로 갑니다.

※ [69~70] **다음을 읽고 물음에 답하십시오.** (각 3점)

부모님은 먼 곳에 살고 계셔서 자주 찾아뵙기 힘듭니다. 그래서 부모님이 그리울 때마다 전화를 합니다. 전에는 목소리밖에 들을 수 없었는데 요즘은 스마트폰으로 서로 얼굴을 보며 통화할 수 있어서 옆에 있는 것처럼 느껴집니다. 스마트폰을 사 드리기 전에는 부모님께서 잘 (㉠) 걱정했는데 부모님이 생각보다 훨씬 잘 사용하셔서 다행입니다.

69. ㉠에 들어갈 말로 가장 알맞은 것을 고르십시오.

① 사용하지 못해서

② 사용하지 못하면

③ 사용하지 못할 것 같아서

④ 사용하지 못하고 있어서

70. 윗글의 내용으로 알 수 있는 것을 고르십시오.

① 부모님 댁에 자주 찾아뵙습니다.

② 부모님이 스마트폰을 잘 사용하셔서 좋습니다.

③ 스마트폰의 사진을 보면서 부모님과 통화합니다.

④ 부모님이 스마트폰을 잘 사용하지 못해서 걱정했습니다.

Complete Guide to the

TOPIK

3rd Edition

실전 모의고사 2회 Mock Test 2

듣기 Listening

읽기 Reading

듣기 Listening 실전모의고사

Track 27~36

※ [1~4] 다음을 듣고 〈보기〉와 같이 물음에 맞는 대답을 고르십시오.

〈 보기 〉

가: 공책이에요?

나: ____________

❶ 네, 공책이에요. ② 아니요, 공책이 싸요.

③ 네, 공책이 없어요. ④ 아니요, 공책이 커요.

1. (4점)

① 네, 아들이 있어요. ② 아니요, 딸이 있어요.

③ 네, 아이가 없어요. ④ 아니요, 두 명 있어요.

2. (3점)

① 네, 운동을 해요. ② 아니요, 운동을 알아요.

③ 네, 운동을 잘해요. ④ 아니요, 운동이 아니에요.

3. (4점)

① 영화관에서 봤어요. ② 한국 영화를 봤어요.

③ 동생하고 볼 거예요. ④ 부모님과 같이 봤어요.

4. (3점)

① 너무 더워요. ② 공연을 봤어요.

③ 사람이 있어요. ④ 아주 재미있었어요.

※ [5~6] 다음을 듣고 〈보기〉와 같이 이어지는 말을 고르십시오.

보 기

가: 안녕히 계세요.

나: ______________

① 들어오세요. ② 어서 오세요.

③ 안녕히 계세요. ❹ 안녕히 가세요.

5. (4점)

① 알겠습니다. ② 부탁합니다.

③ 수고하셨습니다. ④ 잠깐만 기다리세요.

6. (3점)

① 축하합니다. ② 괜찮습니다.

③ 고맙습니다. ④ 실례합니다.

※ [7~10] 여기는 어디입니까? 〈보기〉와 같이 알맞은 것을 고르십시오.

보 기

가: 내일까지 숙제를 꼭 내세요.

나: 네, 선생님.

① 빵집 ② 호텔 ❸ 교실 ④ 병원

7. (3점)

① 집 ② 은행 ③ 학원 ④ 아파트

8. (3점)

① 약국 ② 식당 ③ 커피숍 ④ 슈퍼마켓

9. (3점)

① 버스 ② 옷 가게 ③ 정류장 ④ 지하철역

10. (4점)

① 서점 ② 공항 ③ 호텔 ④ 여행사

※ [11~14] 다음은 무엇에 대해 말하고 있습니까? 〈보기〉와 같이 알맞은 것을 고르십시오.

보기

가: 이 아파트에 살아요?

나: 네, 5층에 살아요.

❶ 집 ② 역 ③ 주소 ④ 달력

11. (3점)

① 직업 ② 장소 ③ 회사 ④ 이름

12. (3점)

① 수업 ② 달력 ③ 계절 ④ 날짜

13. (3점)

① 장소 ② 온도 ③ 날씨 ④ 얼굴

14. (4점)

① 맛 ② 주문 ③ 고기 ④ 식당

※ [15~16] 다음을 듣고 가장 알맞은 그림을 고르십시오. (각 4점)

15. ① 

② 

③ 

④ 

16. ① 

② 

③ 

④ 

※ [17~21] 다음을 듣고 〈보기〉와 같이 대화 내용과 같은 것을 고르십시오. (각 3점)

〈보 기〉

남자: 요즘 한국어를 공부해요?

여자: 네, 한국 친구한테서 한국어를 배워요.

① 남자는 학생입니다. ② 여자는 학교에 다닙니다.

③ 남자는 한국어를 가르칩니다. ❹ 여자는 한국어를 공부합니다.

17. ① 여자는 손님입니다.
② 남자는 떡볶이를 가지고 갑니다.
③ 여자는 떡볶이를 2인분 시켰습니다.
④ 남자는 식당에서 떡볶이를 먹습니다.

18. ① 아침과 저녁에는 사람이 적습니다.
② 평일에는 주말보다 사람이 많습니다.
③ 남자는 요즘 수영을 배우고 있습니다.
④ 낮에는 수영장에 사람이 많지 않습니다.

19. ① 여자는 도서관에서 일합니다.
② 남자는 혼자 영어 공부를 할 겁니다.
③ 남자는 친구에게 책을 선물할 겁니다.
④ 남자는 미국 친구에게 한국어를 가르칩니다.

20. ① 여자는 지금 신발 코너에 있습니다.
② 여자는 안내 데스크를 찾고 있습니다.
③ 안내 데스크는 화장실 옆에 있습니다.
④ 남자는 여자를 엘리베이터까지 안내해 줬습니다.

21. ① 남자 혼자서 공연을 봅니다.
② 공연장과 버스 정류장이 멉니다.
③ 남자는 5시까지 공연장에 가야 합니다.
④ 공연 예매는 공연장에서만 할 수 있습니다.

※ **[22~24] 다음을 듣고 <u>여자</u>의 중심 생각을 고르십시오.** (각 3점)

22. ① 가벼운 감기라도 병원에 가야 합니다.
② 퇴근 후에 같이 병원에 가고 싶습니다.
③ 감기가 심해지면 병원에 가고 싶습니다.
④ 감기에 걸렸을 때 꼭 병원에 가지 않아도 됩니다.

23. ① 식당 음식은 비쌉니다.
② 식당 음식은 몸에 안 좋습니다.
③ 식당 음식보다 도시락이 맛있습니다.
④ 도시락을 먹으면 좋은 점이 많습니다.

24. ① 우산을 잃어버리지 않게 조심해야 합니다.
② 우산을 빌려주는 서비스가 생겨서 좋습니다.
③ 우산을 잃어버리면 돈을 내야 해서 싫습니다.
④ 우산을 빌려주는 서비스를 이용하고 싶지 않습니다.

※ **[25~26] 다음을 듣고 물음에 답하십시오.**

25. 여자가 왜 이 이야기를 하고 있는지 고르십시오. (3점)
① 공연의 사진을 찍으려고
② 공연의 내용을 설명하려고
③ 공연의 배우들을 소개하려고
④ 공연 중에 주의할 사항을 부탁하려고

26. 들은 내용과 같은 것을 고르십시오. (4점)
① 휴대 전화는 꼭 꺼야 합니다.
② 휴대 전화는 가지고 들어갈 수 없습니다.
③ 공연 후에 배우들과 사진을 찍을 수 있습니다.
④ 공연 중에 사진은 찍을 수 있지만 동영상은 찍을 수 없습니다.

※ **[27~28] 다음을 듣고 물음에 답하십시오.**

27. 두 사람이 무엇에 대해 이야기를 하고 있는지 맞는 것을 고르십시오. (3점)
① 인터넷 광고의 문제점
② 인터넷 상품의 배송 기간
③ 인터넷 상품의 배달 방법
④ 인터넷으로 가방 구매하기

28. 들은 내용과 같은 것을 고르십시오. (4점)

① 물건을 받는 데 7일이 걸립니다.

② 기내에 들어가는 가방을 사려고 합니다.

③ 구매한 가방이 광고와 달라서 실망했습니다.

④ 반품하려면 우체국에서 상품을 부쳐야 합니다.

※ **[29~30] 다음을 듣고 물음에 답하십시오.**

29. 여자가 이곳에 온 이유를 고르십시오. (3점)

① 노트북에 문제가 생겨서

② 회의 자료를 부탁하려고

③ 회의 시간을 알려 주려고

④ 노트북 사용 방법이 궁금해서

30. 들은 내용과 같은 것을 고르십시오. (4점)

① 여자는 어제 노트북을 샀습니다.

② 노트북은 어젯밤에 고장이 났습니다.

③ 노트북을 껐다가 켜면 화면이 나옵니다.

④ 남자는 회의 시간 전에 수리해 줄 겁니다.

읽기 Reading 실전모의고사

※ [31~33] 무엇에 대한 내용입니까? 〈보기〉와 같이 알맞은 것을 고르십시오. (각 2점)

〈 보기 〉

아버지는 의사입니다. 어머니는 은행원입니다.

① 주말 ❷ 부모 ③ 병원 ④ 오빠

31.

공책은 천 원입니다. 연필은 오백 원입니다.

① 값 ② 책 ③ 학교 ④ 가방

32.

친구는 커피를 마십니다. 저는 녹차를 마십니다.

① 친구 ② 음료 ③ 음식 ④ 취미

33.

아침에 산에 올라갔습니다. 산이 높아서 시간이 오래 걸렸습니다.

① 휴가 ② 기분 ③ 등산 ④ 여행

※ [34~39] 〈보기〉와 같이 (　　　)에 들어갈 말로 가장 알맞은 것을 고르십시오.

〈 보기 〉

저는 (　　　)에 갔습니다. 책을 샀습니다.

① 극장 ❷ 서점 ③ 공원 ④ 세탁소

34. (2점)

저는 남자 친구(　　　) 생일 선물을 줄 겁니다.

① 에　② 에게　③ 으로　④ 에게서

35. (2점)

공부할 때 모르는 단어가 있으면 (　　　)을 찾습니다.

① 가방　② 공책　③ 연필　④ 사전

36. (2점)

방이 너무 습하고 덥습니다. 그래서 에어컨을 (　　　).

① 껐습니다　② 켰습니다　③ 닫았습니다　④ 열었습니다

37. (3점)

공항에 (　　　) 가야 합니다. 그런데 길이 막힙니다.

① 가끔　② 벌써　③ 빨리　④ 이미

38. (3점)

엄마가 혼자 청소를 하십니다. 엄마를 (　　　).

① 부릅니다　② 소개합니다　③ 정리합니다　④ 도와드립니다

39. (2점)

2호선을 탔습니다. 다음 역에서 3호선으로 (　　　).

① 내립니다　② 갈아탑니다　③ 올라갑니다　④ 내려갑니다

※ [40~42] 다음을 읽고 맞지 않는 것을 고르십시오. (각 3점)

40.

한국 피자

– 배달 아르바이트 구함 –

• 근무 시간: 평일 12~20시
  주말 12~23시
• 급여: 시간당 9,200원
• 20세 이상 / 오토바이 운전면허증 필요

① 한 시간에 9,200원을 받습니다.
② 피자를 배달할 사람이 필요합니다.
③ 오토바이 운전면허증이 있어야 합니다.
④ 월요일부터 일요일까지 8시간씩 일합니다.

41.

♠ 박물관 관람 안내 ♠

▶ 3월~9월 09:00~18:00
▶ 10월~2월 09:00~17:00
▶ 휴관일: 매주 월요일, 매년 1월 1일
▶ 입장료: 어른 5,000원 학생 2,000원 7세 이하 무료

① 박물관은 월요일마다 쉽니다.
② 5살 아이는 입장료가 무료입니다.
③ 1월 1일에는 관람할 수 없습니다.
④ 1월에는 오후 6시까지 관람할 수 있습니다.

42.

*** **영 수 증** ***

슈퍼마트 종로점 2022년 1월 12일

품명	단가(원)	수량	금액(원)
오이	1,000	5	5,000
맥주	2,500	1	2,500
감자	800	6	4,800
		합계	12,300
		받은 돈 (현금)	13,000
		거스름돈	700

① 오이를 다섯 개 샀습니다.

② 현금으로 계산했습니다.

③ 물건값은 총 만 삼천 원입니다.

④ 슈퍼마트 종로점에서 샀습니다.

※ **[43~45] 다음을 읽고 내용이 같은 것을 고르십시오.**

43. (3점)

아침에 버스를 탔습니다. 그런데 지갑을 놓고 내렸습니다. 버스 회사에 지갑을 찾으러 갔지만 지갑이 없었습니다.

① 지갑을 찾았습니다.

② 지갑을 못 찾았습니다.

③ 버스 회사에서 일합니다.

④ 버스 회사에 전화했습니다.

44. (2점)

낮에는 택시가 빠릅니다. 하지만 아침에는 길이 막혀서 느립니다. 그래서 저는 보통 지하철을 타고 회사에 갑니다.

① 낮에는 지하철을 탑니다.
② 낮에는 택시로 회사에 갑니다.
③ 아침에는 보통 지하철을 탑니다.
④ 회사가 지하철 역 근처에 있습니다.

45. (3점)

휴일에 병원에 갔는데 사람이 많아서 오래 기다렸습니다. 평일에는 사람이 적어서 기다리지 않습니다. 다음에는 평일에 갈 겁니다.

① 병원은 항상 손님이 많습니다.
② 휴일보다 평일에 사람이 많습니다.
③ 아침 시간에는 오래 기다려야 합니다.
④ 다음에는 사람이 적은 평일에 갈 겁니다.

※ **[46~48] 다음을 읽고 중심 내용을 고르십시오.**

46. (3점)

제 컴퓨터는 오래됐습니다. 그래서 새 컴퓨터가 필요합니다. 주말에 남자 친구와 전자 상가에 갈 겁니다.

① 저는 새 물건을 좋아합니다.
② 저는 제 컴퓨터가 좋습니다.
③ 주말에 새 컴퓨터를 살 겁니다.
④ 저는 전자 상가에 가 보고 싶습니다.

47. (3점)

저는 미국 사람이고 영어 선생님입니다. 한국어를 배우고 싶습니다. 저한테 한국어를 가르쳐 주실 분은 전화 주십시오.

① 한국어 선생님을 찾고 있습니다.
② 저는 영어를 가르치고 싶습니다.
③ 저는 한국어 공부가 재미있습니다.
④ 저는 영어를 가르치는 것이 즐겁습니다.

48. (2점)

저는 스트레스를 받으면 사탕이나 초콜릿을 찾습니다. 사탕과 초콜릿은 달아서 먹으면 기분이 좋아지고, 기분이 좋아지면 스트레스가 풀리기 때문입니다.

① 사탕과 초콜릿은 답니다.
② 스트레스를 받으면 힘듭니다.
③ 요즘 스트레스를 많이 받습니다.
④ 스트레스를 받을 때 단것을 먹으면 풀립니다.

※ **[49~50] 다음을 읽고 물음에 답하십시오.** (각 2점)

운전 중에 전화가 오면 어떻게 하십니까? 운전하면서 그냥 전화를 받는 사람도 있을 것입니다. 그러나 이런 경우도 술을 마시고 운전하거나 졸릴 때 운전하는 것과 같이 사고의 위험이 높습니다. 이럴 때는 여러분의 (㉠) 차를 길옆에 세우고 전화를 받으십시오.

49. ㉠에 들어갈 말로 가장 알맞은 것을 고르십시오.

① 일을 위해서 ② 차를 위해서
③ 시간을 위해서 ④ 안전을 위해서

50. 윗글의 내용과 같은 것을 고르십시오.

① 차를 길옆에 세우는 것은 위험합니다.
② 운전 중에 전화를 받으면 벌금을 내야 합니다.
③ 운전 중에 전화를 받으면 사고가 나기 쉽습니다.
④ 술을 마시고 운전하는 것이 전화를 받는 것보다 위험합니다.

※ **[51~52] 다음을 읽고 물음에 답하십시오.**

> 사람의 몸은 70%가 물이기 때문에 물은 우리에게 중요합니다. 물을 잘 알고 마시면 건강해질 수 있습니다. 아침에 일어나자마자 물을 한 잔 드십시오. 차가운 물보다는 따뜻한 물이 좋고 조금씩 나눠서 천천히 마시는 것이 좋습니다. 우리 모두 물을 마시고 젊고 (㉠) 삽시다.

51. ㉠에 들어갈 말로 가장 알맞은 것을 고르십시오. (3점)

① 건강한 ② 건강하게
③ 건강하면 ④ 건강하거나

52. 무엇에 대한 내용인지 맞는 것을 고르십시오. (2점)

① 물을 마시는 속도
② 물을 마시는 방법
③ 물을 마시는 시간
④ 건강에 좋은 음식

※ **[53~54] 다음을 읽고 물음에 답하십시오.**

> 한국에 유학 온 지 10년이 되었습니다. 한국은 저에게 고향 같은 곳입니다. 옛날에는 한국말을 잘 못해서 물건도 못 샀는데 지금은 가격도 잘 깎고 김치도 혼자서 담가 먹습니다. 제가 자주 가는 반찬 가게 아주머니는 저를 딸이라고 부르면서 반찬을 더 주십니다. 곧 졸업하고 고향에 돌아가야 하는데 고향에 가면 한국이 많이 (㉠).

53. ㉠에 들어갈 말로 가장 알맞은 것을 고르십시오. (2점)

① 올 겁니다　② 생각납니다
③ 살고 싶습니다　④ 그리울 것 같습니다

54. 윗글의 내용과 같은 것을 고르십시오. (3점)

① 지금은 한국 생활에 익숙해졌습니다.
② 부끄러워서 물건값을 잘 못 깎습니다.
③ 어머니께서 반찬 가게에서 일하십니다.
④ 한국에서 태어나서 외국에서 자랐습니다.

※ **[55~56] 다음을 읽고 물음에 답하십시오.**

> '부탁해요'라는 분홍색 오토바이를 본 적이 있으신가요? '부탁해요'는 음식이나 꽃, 물건, 서류 등을 손님이 원하는 곳으로 배달하는 서비스입니다. 이동 거리와 서비스의 종류에 따라서 요금을 계산합니다. (㉠) 서비스 전에 돈을 받습니다. 집에서 유명 식당의 음식을 편하게 먹고 싶거나 물건을 빨리 받아야 할 때 이용해 보십시오.

55. ㉠에 들어갈 말로 가장 알맞은 것을 고르십시오. (2점)

① 그래서　② 그런데　③ 그리고　④ 그러면

56. 윗글의 내용과 같은 것을 고르십시오. (3점)

① 음식을 배달한 후에 계산합니다.

② 서비스 요금은 거리마다 다릅니다.

③ '부탁해요'는 음식 배달 서비스입니다.

④ 서비스 시간에 따라서 요금을 계산합니다.

※ **[57~58] 다음을 순서에 맞게 배열한 것을 고르십시오.**

57. (3점)

(가) 더운 여름에는 에어컨을 오래 사용합니다.
(나) 에어컨 온도를 27도로 하는 게 좋습니다.
(다) 하지만 에어컨을 오래 켜는 것은 몸에 좋지 않습니다.
(라) 그리고 방의 온도가 너무 낮으면 감기에 걸릴 수 있으니까

① (가) - (다) - (라) - (나)
② (가) - (나) - (라) - (다)
③ (가) - (나) - (다) - (라)
④ (가) - (다) - (나) - (라)

58. (2점)

(가) 다음에는 제일 뒷자리에 앉을 겁니다.
(나) 퇴근 후에 동료와 영화를 보러 갔습니다.
(다) 영화를 보는데 뒷사람이 의자를 여러 번 찼습니다.
(라) 불편해서 뒷사람에게 이야기를 했지만 듣지 않았습니다.

① (나) - (라) - (가) - (나)
② (나) - (다) - (라) - (가)
③ (나) - (라) - (나) - (가)
④ (나) - (다) - (가) - (라)

※ [59~60] 다음을 읽고 물음에 답하십시오.

'낮잠 카페'에서는 차도 마시고 잠도 잘 수 있습니다.(㉠) 차를 시키면 한 시간 동안 잘 수 있고 추가 요금을 내면 더 있을 수 있습니다. (㉡) 침대처럼 넓은 소파와 편한 분위기 때문에 (㉢) '낮잠 카페'에는 혼자 오는 사람도 많습니다. (㉣) 그래서 이 시간에 이용하려면 예약을 해야 합니다.

59. 다음 문장이 들어갈 곳으로 가장 알맞은 것을 고르십시오. (2점)

특히 점심시간에 '낮잠 카페'를 찾는 직장인들이 많습니다.

① ㉠ ② ㉡ ③ ㉢ ④ ㉣

60. 윗글의 내용과 같은 것을 고르십시오. (3점)

① 혼자만 들어갈 수 있습니다.
② 한 시간 이상 자려면 돈을 내야 합니다.
③ 이용하기 전에 항상 예약을 해야 합니다.
④ 카페에는 넓은 침대가 준비되어 있습니다.

※ [61~62] 다음을 읽고 물음에 답하십시오. (각 2점)

> 어제 처음으로 동료들과 야구장에 갔습니다. 처음엔 게임 규칙을 (㉠) 지루했는데 동료가 옆에서 설명해 줘서 2회부터는 재미있게 봤습니다. 열심히 응원해서 목이 아팠지만 우리가 응원한 팀이 이겨서 기뻤습니다. 팀에서 제일 유명한 선수의 이름이 있는 티셔츠도 샀습니다.

61. ㉠에 들어갈 말로 가장 알맞은 것을 고르십시오.

① 듣지 못해서 ② 생각하지 못해서

③ 이해하지 못해서 ④ 계산하지 못해서

62. 윗글의 내용과 같은 것을 고르십시오.

① 동료가 규칙을 설명해 줬습니다.

② 동료들은 야구장에 자주 갑니다.

③ 팀의 이름이 있는 티셔츠를 샀습니다.

④ 첫 번째 게임은 응원한 팀이 졌습니다.

※ [63~64] 다음을 읽고 물음에 답하십시오.

주민 여러분, 주민 센터에서 가을 '바자회'를 할 계획입니다. 10월 5일까지 읽지 않는 책이나 입지 않는 옷, 사용하지 않는 물건들을 주민 센터로 가지고 오시면 모인 물건을 깨끗하게 정리해서 10일부터 12일까지 3일간 판매합니다. 판매한 돈으로 주민 도서관의 새 책을 사려고 합니다. 많은 관심 부탁드립니다.

63. 왜 윗글을 썼는지 맞는 것을 고르십시오. (2점)

① 바자회 시작을 알리려고

② 바자회 참여에 감사하려고

③ 바자회 참여를 부탁하려고

④ 도서관 책 구매에 대해서 설명하려고

64. 윗글의 내용과 같은 것을 고르십시오. (3점)

① 10일부터 3일간 안 쓰는 물건을 받습니다.

② 물건을 5일까지 주민 센터로 가지고 가면 됩니다.

③ 안 쓰는 물건을 가지고 오면 다른 물건으로 바꿔 줍니다.

④ 주민 센터의 물건을 팔아서 새 책을 구매하려고 합니다.

※ [65~66] 다음을 읽고 물음에 답하십시오.

요즘 박물관들이 '박물관은 (㉠)'라는 사람들의 생각을 바꾸려고 노력하고 있습니다. 북촌 전통 박물관은 옛날 사람들의 방법으로 떡 만들기, 한복 입어 보기 등의 활동을 만들어서 아이부터 어른까지 즐길 수 있게 하고 있습니다. 입장료는 무료지만 입장 하루 전까지 인터넷으로 신청을 받습니다.

65. ㉠에 들어갈 말로 가장 알맞은 것을 고르십시오. (2점)

① 재미없다　　② 어렵다

③ 간단하다　　④ 조용하다

66. 윗글의 내용과 같은 것을 고르십시오. (3점)

① 활동은 중학생부터 할 수 있습니다.

② 입장 하루 전날만 신청을 받습니다.

③ 인터넷 신청자만 입장료가 할인됩니다.

④ 사람들의 생각을 바꾸려고 활동을 만들었습니다.

※ [67~68] **다음을 읽고 물음에 답하십시오.** (각 3점)

한국에서는 식사할 때 그릇을 들고 먹거나 씹을 때 소리가 나면 안 됩니다. 젓가락은 반찬을, 숟가락은 밥과 국물을 먹을 때 사용합니다. 어른이 물이나 술을 주실 때는 잔을 두 손으로 받고, 나이가 적은 사람은 (㉠)보다 먼저 식사를 시작하면 안 됩니다. 밥을 다 먹어도 어른의 식사가 끝날 때까지 기다려야 합니다.

67. ㉠에 들어갈 말로 가장 알맞은 것을 고르십시오.

① 나이가 많은 사람

② 식사를 주문한 사람

③ 식사를 준비한 사람

④ 식사비를 내는 사람

68. 윗글의 내용과 같은 것을 고르십시오.

① 밥그릇은 들고 먹습니다.

② 식사가 끝나면 먼저 일어나야 합니다.

③ 어른한테서 물을 받을 때는 두 손으로 받습니다.

④ 물은 한 손으로 받고 술은 두 손으로 받아야 합니다.

※ [69~70] 다음을 읽고 물음에 답하십시오. (각 3점)

저는 매달 월급을 받아서 생활하는데 매달 월세를 내면 남는 돈이 많지 않아서 돈을 모으기가 어렵습니다. 매년 월급은 비슷한데 물건 가격은 오르니까 돈을 (㉠). 저는 혼자 살아서 전에는 음식을 만들면 다 먹지 못해서 버릴 때가 많았는데 요즘은 1인분으로 포장된 재료를 쓰니까 쓰레기도 덜 나오고 편리합니다. 앞으로 생활비를 아낄 수 있는 방법을 더 알아봐야겠습니다.

69. ㉠에 들어갈 말로 가장 알맞은 것을 고르십시오.

① 모아야 합니다
② 벌어야 합니다
③ 아껴 써야 합니다
④ 보내야 합니다

70. 윗글의 내용으로 알 수 있는 것을 고르십시오.

① 친구와 생활비를 나눠서 냅니다.
② 이 사람은 돈을 많이 모았습니다.
③ 이 사람의 월급은 매년 오릅니다.
④ 1인분으로 포장된 재료를 쓴 후에 음식을 덜 남깁니다.

Complete Guide to the TOPIK

부 록

Appendix

Part 2 | 유형별 연습 문제

• 정답 • 듣기 대본 • 읽기 지문 번역

Part 3 | 실전 모의고사 1회

• 정답 • 듣기 대본 • 읽기 지문 번역 • 해설

Part 3 | 실전 모의고사 2회

• 정답 • 듣기 대본 • 읽기 지문 번역 • 해설

Part 2 유형별 연습 문제 Practice Questions

정답 Answers

듣기 ▸ P. 42~54

1. ④	2. ③	3. ②	4. ①	5. ④	6. ①	7. ②	8. ③	9. ④	10. ③
11. ②	12. ①	13. ④	14. ②	15. ②	16. ④	17. ①	18. ④	19. ②	20. ③
21. ③	22. ③	23. ④	24. ③	25. ④	26. ②	27. ④	28. ④	29. ②	30. ④

읽기 ▸ P. 55~75

31. ①	32. ③	33. ②	34. ④	35. ④	36. ①	37. ③	38. ①	39. ②	40. ①
41. ③	42. ②	43. ③	44. ④	45. ②	46. ①	47. ②	48. ①	49. ④	50. ③
51. ③	52. ①	53. ④	54. ③	55. ②	56. ④	57. ④	58. ③	59. ②	60. ②
61. ④	62. ③	63. ②	64. ①	65. ③	66. ④	67. ①	68. ②	69. ④	70. ②

듣기 대본 Listening Script

아래 1번부터 30번까지는 듣기 문제입니다. 문제를 잘 듣고 질문에 맞는 답을 고르십시오. 두 번씩 읽겠습니다.

Questions 1 to 30 are listening questions. Listen to each question carefully and choose the best answer. Each question will be read twice.

[1~4] 다음을 듣고 〈보기〉와 같이 물음에 맞는 대답을 고르십시오.

P. 42~43

보기

가 공책이에요?

나 ______________________

❶ 네, 공책이에요. ② 네, 공책이 없어요.

③ 아니요, 공책이 싸요. ④ 아니요, 공책이 커요.

1 여자 교과서가 있어요?

2 남자 그 가방을 어디에서 샀어요?

3 여자 귤이 한 개에 얼마예요?

4 남자 영화가 몇 시에 시작해요?

[1~4] Listen to the following and choose the correct answer as in the example.

Ex.

A Is it a notebook?

B ______________________

❶ Yes, it's a notebook.

② No, I don't have notebook.

③ No, the notebook is cheap.

④ No, the notebook is big.

1 W Do you have a textbook?

2 M Where did you buy the bag?

3 W How much is a tangerine?

4 M What time does the movie start?

[5~6] 다음을 듣고 〈보기〉와 같이 이어지는 말을 고르십시오. P. 44

보기

가 안녕히 계세요.

나 ______________________

① 들어오세요. ② 어서 오세요.

③ 안녕히 계세요. ❹ 안녕히 가세요.

5 여자 오랜만이에요.

6 여자 이예진 씨, 계십니까?

[5~6] Listen to the following and choose what comes next as in the example.

Ex.

A Good bye.

B ______________________

① Please come in. ② Welcome.

③ Goodbye. (said to someone staying) ❹ Good bye. (said to someone leaving)

5 W Long time no see.

6 W Is there Ms. Lee Yejin?

[7~10] 여기는 어디입니까? 〈보기〉와 같이 알맞은 것을 고르십시오. P. 45

보기

가 내일까지 숙제를 꼭 내세요.

나 네, 선생님.

① 빵집 ② 호텔

❸ 교실 ④ 병원

7 남자 아주머니, 된장찌개를 시켰는데 김치찌개를 주셨어요.

여자 죄송합니다. 다시 준비해 드릴게요.

8 남자 소포를 미국에 부치려고 하는데 며칠 걸려요?

여자 배로는 30일, 비행기로는 3일 걸려요.

[7~10] Where is this conversation taking place? Choose the correct answer as in the example.

Ex.

A You must turn in your homework by tomorrow.

B Yes, sir.

① bakery ② hotel

❸ classroom ④ hospital

7 M Ma'am, I ordered *doenjangjjigae*, but you gave me *kimchijjigae*.

W I'm sorry. I'll make it again for you.

8 M I want to send a parcel to the U.S. How long will it take?

W It will take 30 days by ship and 3 days by air.

9 **남자** 노래를 정말 잘하시네요. 가수 같아요.
여자 감사합니다. 선욱 씨도 노래 하나 불러 주세요.

10 **여자** 어제 산 치마가 너무 작아서 바꾸러 왔어요.
남자 그럼 이 치마를 입어 보시겠어요?

9 M You're really good at singing. You sing like a professional singer.
W Thank you. Sunwook, will you also sing me a song, please?

10 W I'd like to exchange a skirt that I bought yesterday. It's too small for me.
M Would you please try this skirt on, then?

[11~14] 다음은 무엇에 대해 말하고 있습니까? 〈보기〉와 같이 알맞은 것을 고르십시오. ▶ P. 46

보기

가 이 아파트에 살아요?
나 네. 5층에 살아요.

❶ 집 ② 역
③ 주소 ④ 달력

11 **남자** 저는 서른 살이에요.
여자 저는 서른한 살이에요. 제가 한 살이 많네요.

12 **남자** 저는 여름을 좋아해요.
여자 저는 여름이 더워서 싫어요. 시원한 가을을 좋아해요.

13 **남자** 지금 서울에는 비가 오고 있는데 부산은 어때요?
여자 부산은 흐리고 바람이 많이 불어요.

14 **남자** 이거 언제 찍은 거예요?
여자 대학교 졸업식 날 찍은 거예요.

[11~14] What are the following conversations about? Choose the correct answer as in the example.

Ex.

A Do you live in this apartment building?
B Yes, I live on the 5th floor.

❶ house ② station
③ address ④ calendar

11 M I'm 30 years old.
W I'm 31 years old. I'm a year older than you.

12 M I like summer.
W I don't like summer because it's too hot. I like the cool autumn.

13 M It's raining in Seoul. How about Busan?
W It's cloudy and windy here.

14 M When was this picture taken?
W It was taken on my university graduation day.

[15~16] 다음을 듣고 가장 알맞은 그림을 고르십시오. ▶ P. 47~48

15 **남자** 집에 신발을 신고 들어가도 돼요?
여자 아니요. 신발을 벗고 이걸 신으세요.

16 **남자** 모자가 정말 잘 어울리시네요.
여자 고마워요. 오빠한테서 생일 선물로 받았어요. 예쁘죠?

[15~16] Listen to the following and choose the picture that matches best.

15 M Can I enter the house with my shoes on?
W No. Please take off your shoes and put these on.

16 M That hat really suits you.
W Thank you. I got it from my older brother for my birthday. It's pretty, isn't it?

[17~21] 다음을 듣고 〈보기〉와 같이 대화 내용과 같은 것을 고르십시오. ▶ P. 49~50

17 **남자** 소연 씨, 이사한 지 두 달 됐는데 또 이사할 집을 구해요? 지금 집이 불편해요?
여자 아니요. 새로 지은 아파트라서 깨끗하고 지하철역에서도 가까워서 살기 편해요.
남자 그런데 왜 이사하려고 해요?
여자 여동생이랑 같이 살려고 하는데 지금 사는 집은 둘이 살면 좁아서 넓은 집으로 이사 가려고요.

[17~21] Listen to the following and choose the statement matches the conversation as in the example.

17 M Soyeon, are you looking for a place to live again? You just moved into a new place two months ago. Is your place uncomfortable?
W No. It's a new apartment, so it's clean, and it's close to a subway station, so it's convenient to live in.
M Why do you want to move out, then?
W I'm planning to live with my younger sister but it's too small for two people. So I plan to move to a bigger place.

18 남자 바다에 왔으니까 저녁으로 회를 먹는 게 어때요?
여자 회요? 날씨가 더워서 위험하지 않을까요? 여름에는 회를 먹고 배탈이 나기 쉬우니까 조심해야 해요.
남자 그럼 회는 날씨가 시원해지면 먹고 오늘은 고기나 먹읍시다.

19 남자 이번 주 일요일까지 인사동에서 한복 전시회를 하는데 같이 가실래요?
여자 한복 전시회요? 한복을 잡지에서 본 적이 있는데 직접 보면 좋겠네요.
남자 외국인은 여권을 가지고 가면 30% 할인을 받을 수 있어요.
여자 그래요? 그럼 언제, 어디에서 만날까요?

20 남자 노트북을 새로 샀어요? 화면이 커서 좋네요.
여자 네. 어제 샀는데 참 가벼워요. 한번 들어 보실래요?
남자 정말 가볍네요. 저도 다음에는 이런 것으로 사려고 해요. 제 노트북은 화면은 커서 보기 편한데 무거워서 오래 들고 다닐 수가 없어요.

21 여자 공연장에 일찍 도착했네요. 공연이 몇 시에 시작해요?
남자 길이 막히지 않아서 생각보다 빨리 왔네요. 시작하려면 아직 30분 정도 남았어요.
여자 그럼 편의점에서 간단하게 저녁을 먹을까요?
남자 좋아요. 제가 표를 찾아서 거기로 갈게요.

18 M How about having raw fish for dinner since we came to the seaside?
W Raw fish? Isn't it dangerous to eat raw fish in hot weather? It's easy to have an upset stomach after having raw fish in summer, so we should be careful.
M Let's eat raw fish when the weather becomes cooler, then. Let's eat meat today.

19 M They're holding a *hanbok* exhibition in Insadong through this Sunday. Would you like to go?
M A hanbok exhibition? I've seen hanbok in a magazine before, but it would be nice to see in person.
M Foreigners can get a 30% discount if they bring their passport.
W Is that right? When and where will we meet, then?

20 M Did you buy a new laptop computer? I like its big screen.
W Yes. I bought it yesterday and it's very light. Do you try lifting it?
M It really is light. I'll buy this kind of laptop next time. My laptop has a big screen, so it's comfortable to look at, but too heavy to carry for a long time.

21 W You came to the concert hall early. What time does the concert start?
M There wasn't much traffic, so I arrived earlier than I expected. There's still 30 minutes before it starts.
W Shall we have a light dinner at the convenience store, then?
M Sure. I'll get my ticket and head over there.

[22~24] 다음을 듣고 <u>여자</u>의 중심 생각을 고르십시오. ▸ P. 51

22 여자 왜 점심을 안 먹고 바나나를 먹어요?
남자 요즘 살을 빼려고 바나나만 먹고 있어요. 배는 고프지만 살이 빨리 빠져서 좋아요.
여자 한 가지 음식만 먹으면 영양이 부족해서 건강이 나빠져요. 다양한 음식을 먹고 운동을 하면서 천천히 살을 빼야지요.
남자 알겠어요. 내일부터는 건강을 위해서 밥도 먹고 운동도 해 볼게요.

23 남자 금요일인데 퇴근하고 뭐 하실 거예요?
여자 집에 가서 한 주 동안 하지 못한 집안일부터 하려고 해요.
남자 집안일이요? 5일 동안 열심히 일했으니까 오늘은 좀 쉬고 주말에 하세요.
여자 해야 할 일이 있으면 주말에 편하게 쉴 수 없으니까 힘들어도 오늘 할 거예요.

24 남자 왜 2년 동안 회사 일을 쉬려고 해요? 무슨 일이 있어요?
여자 아니요. 대학원에 가서 지금하고 있는 일을 좀 더 공부하려고요.
남자 그런데 지금 나이에 대학원에 가는 건 너무 늦지 않아요?
여자 늦었지만 공부하면 앞으로 일할 때 도움도 되고 다양한 일을 맡을 수 있을 거예요.

[22~24] Listen to the following and identify the <u>woman's</u> main idea.

22 W Why do you have bananas instead of lunch?
M Lately, I'm only eating bananas in order to lose weight. It makes me hungry, but helps me lose weight quickly.
M The mono diet ruins your health because of a lack of nutrition. You should lose weight slowly as you eat various foods and do exercise.
W Okay. Starting tomorrow, I'll eat properly and do some exercise for my health.

23 M It's Friday today. What will you do after work?
W I'll go home and do some housework that I haven't been able to do for a week.
M Housework? You've been working hard for 5 days, so take a rest today and do it on the weekend.
W I can't rest well if I have things to do, so I'll do it today even though it's tiring.

24 M Why do you want to take two years off from work? Did anything happen to you?
W No. I want to go to graduate school and study more about the job that I'm doing.
M But isn't it too late to go to graduate school at your age?
W It is late, but it'll be helpful for my work in the future and I'll be able to do various jobs if I study.

[25~26] 다음을 듣고 물음에 답하십시오. ▶ P. 52

맛있는 비빔냉면을 만들고 싶으세요? 먼저 물이 끓으면 면을 넣으세요. 면은 한 번에 넣지 말고 조금씩 넣으세요. 그리고 면이 다 익으면 찬물이나 얼음물에 바로 넣고 씻으세요. 찬물이 면을 더 맛있게 해 줍니다. 마지막으로 간장, 고추장, 식초, 마늘, 설탕을 넣고 같이 비비면 맛있는 냉면이 완성됩니다. 매운 맛을 좋아하면 고추장을 더 넣으세요.

[25~26] Listen to the following and answer the questions.

Do you want to cook delicious *bibim-naengmyeon*? First, put the noodles in boiling water. Don't add them all at once, but little by little. Next, immediately rinse the noodles with cold or ice water once they have cooked. Cold water makes noodles more delicious. Finally, add soy sauce, hot pepper paste, vinegar, garlic, and sugar, and mix with the noodles, and then the delicious naengmyeon is ready to serve. If you like spicy food, add hot pepper paste.

[27~28] 다음을 듣고 물음에 답하십시오. ▶ P. 53

여자 어서 오세요. 한국백화점입니다. 뭘 도와드릴까요?

남자 여자 친구 선물을 사려고 하는데 주로 어떤 걸 선물하나요?

여자 보통은 화장품이나 구두를 많이 선물하는데 생일 선물 하시는 거예요?

남자 아니요, 여자 친구의 취직을 축하해 주려고요.

여자 여자 친구가 참 기뻐하겠네요. 이 구두는 어떠세요? 신상품인데 디자인도 예쁘고 발도 편해서 인기가 많아요. 오늘까지 백화점 세일 기간이라서 10% 할인도 받으실 수 있고요.

남자 아, 그래요? 제가 여자 친구 발 사이즈를 모르는데 지금 전화해서 확인해 볼게요.

[27~28] Listen to the following and answer the questions.

W Hello, welcome to Hanguk Department store. How can I help you?

M I want to buy a gift for my girlfriend. What should I buy?

W Usually, cosmetics and shoes are good choices. Is it for her birthday?

M No, I'm giving her a present to congratulate her on her new job.

W Your girlfriend must be pleased. How about these shoes? They're popular because they're a new product, the designs are pretty, and they're comfortable to wear. We're having a sale through today, so you can get a 10% discount.

M Is that right? I don't know her shoe size. Let me call and check right now.

[29~30] 다음을 듣고 물음에 답하십시오. ▶ P. 54

남자 정희 씨, 우리 사무실에 웬일이세요?

여자 아, 물어볼 게 있어서요. 저스틴 씨, 추석 연휴 때 친구들하고 부산에 여행 가기로 했는데 같이 가실래요?

남자 부산이요? 이름은 많이 들어 봤는데 어떤 곳이에요?

여자 한국의 남쪽에 있는데 바다와 영화 축제로 유명한 관광 도시예요. 서울에서 400km 거리에 있는데 KTX로 가면 서울에서 부산까지 3시간밖에 안 걸려요.

남자 거리는 먼데 생각보다 금방 가네요. 당일에 갔다가 오는 거예요? 비용은 얼마나 들까요?

여자 2박 3일로 가려고요. 교통비와 숙박비, 식사비까지 해서 한 사람당 총 20만 원 정도 들 것 같아요.

남자 추석 때 심심할까 봐 걱정했는데 잘 됐네요. 저도 함께 갈게요.

[29~30] Listen to the following and answer the questions.

M Jeong-hee, what are you doing at my office?

W Oh, I have something to ask you. Justin, I'm planning a trip to Busan with my friends during the Chuseok holidays. Would you like to join us?

M Busan? It sounds familiar to me, what kind of place is it?

W It's located in the southern part of Korea and is a tourist city famous for beaches and a film festival. Busan is 400km from Seoul, but it only takes 3 hours from Seoul to Busan by KTX.

M That's a long distance, but takes less time than I thought. Is it a one-day trip? How much will it cost?

W It's a three-day, two-night trip. I think it'll cost around 200,000 won in total per person, including transportation, lodging, and meals.

M Great! I thought I was going to have a boring Chuseok. Count me in.

읽기 지문 번역 Reading Script Translation

[31~33] 무엇에 대한 내용입니까? 〈보기〉와 같이 알맞은 것을 고르십시오. ▸ P. 55

보기

아버지는 의사입니다. 어머니는 은행원입니다.

① 주말 ❷ 부모 ③ 병원 ④ 오빠

31 소금은 짭니다. 김치는 맵습니다.

32 나는 서울에서 자랐습니다. 친구는 부산에서 자랐습니다.

33 저는 버스를 타고 출근합니다. 제 동료는 지하철로 회사에 갑니다.

[31~33] What are the following about? Choose the correct answer as in the example.

Ex.

My father is a doctor. My mother is a bank teller.

① weekend ❷ parents
③ hospital ④ older brother

31 Salt is salty. Kimchi is spicy.

32 I was raised in Seoul. My friend was raised in Busan.

33 I go to work by bus. My colleague goes to work by subway.

[34~39] 〈보기〉와 같이 ( )에 들어갈 말로 가장 알맞은 것을 고르십시오. ▸ P. 56~57

보기

저는 ( )에 갔습니다. 책을 샀습니다.

① 극장 ❷ 서점 ③ 공원 ④ 세탁소

34 눈이 나쁩니다. ( )을 씁니다.

35 밖이 시끄럽습니다. 그래서 창문을 ( ).

36 친구한테서 선물을 받았습니다. 선물이 마음에 ( )

37 결혼식에 손님이 많이 왔습니다. 400명( ) 왔습니다.

38 집에 큰 창문이 많습니다. 집이 매우 ( ).

39 저는 식사 후에 바로 이를 ( ). 그래서 이가 건강합니다.

[34~39] Choose the most appropriate word for the blank as in the example.

Ex.

I went to ( ). I bought a book.

① a theater ❷ a bookstore
③ a park ④ a dry cleaner's

34 I have bad eyesight. I wear ( ).

35 It's noisy outside, so I ( ) the window.

36 I got a gift from my friend. I ( ) the gift.

37 A lot of guests came to the wedding. ( ) 400 people came.

38 The house has a lot of big windows. The house is very ( )

39 I ( ) my teeth right after meals, so I have healthy teeth.

[40~42] 다음을 읽고 맞지 않는 것을 고르십시오. ▸ P. 58~59

40

〈120 다산 콜센터〉

한국 생활이 힘드십니까? 120번으로 전화하세요.
친절하게 안내해 드립니다.
-24시간 빠른 안내
-호텔, 식당 예약, 관광 안내, 교통 정보, 수도 요금, 세금 안내
-한국어, 영어, 중국어, 일본어, 베트남어, 몽골어 안내

[40~42] Read the following and choose the statement that doesn't agree.

40

<120 Dasan Call Center>

Is life in Korea hard? Call 120.
We kindly offer you information that you need.
- Quick information 24 hours a day
- Hotels & restaurant reservations, tourist guidance, traffic information, utility bills, and tax guidance
- Information in Korean, English, Chinese, Japanese, Vietnamese, and Mongolian

41

[초대장]

결혼합니다. 오셔서 축하해 주세요.

신랑: 김 상 민 신부: 정 유 리

날짜: 11월 11일 토요일 12시

장소: 사랑예식장 3층

* 주차장이 좁습니다. 버스나 지하철을 이용해 주십시오.

41

[Invitation]

We are getting married. Please come and celebrate our wedding.

Groom: Kim Sangmin Bride: Jung Yuri

Date: Saturday, Nov. 11 at 12 p.m.

Venue: 3rd floor at Sarang Wedding Hall

* There is insufficient parking. Please use the bus or subway.

42

〈여름 에어컨 사용 안내〉

1. 두 달에 한 번 청소하십시오.
2. 온도는 25도 이상이 좋습니다.
3. 에어컨을 켤 때는 창문을 닫으십시오.
4. 점심시간이나 사람이 없을 때는 에어컨을 끄십시오.

42

<How to Use an Air Conditioner in the Summer>

1. Clean the air conditioner once every two months.
2. The ideal air conditioner temperature is 25 degrees or above.
3. Close the windows while the air conditioner is on.
4. Turn off the air conditioner during lunch or when nobody is around.

[43~45] **다음을 읽고 내용이 같은 것을 고르십시오.** ▶ P. 60~61

43 저는 야구를 좋아합니다. 롯데 팀의 팬이라서 시간이 있을 때마다 야구장에 가서 응원합니다. 지난 토요일에는 텔레비전으로 경기를 봤는데 우리 팀이 져서 슬펐습니다.

44 인사동에는 한국 전통 음식점과 찻집이 많습니다. 그래서 외국인들에게 관광 코스로 인기가 많습니다. 외국인 친구가 한국에 오면 이곳에 같이 가십시오.

45 내일은 부모님의 결혼기념일입니다. 축하해 드리려고 영화표를 2장 예매하고 전망이 좋은 식당도 예약했습니다. 두 분이 내일 즐거운 시간을 보내면 좋겠습니다.

[43~45] **Read the following and choose the statement that matches.**

43 I like baseball. I am a Lotte fan, so I go to the stadium and cheer for Lotte whenever I have time. Last Saturday, I watched the game on TV, but I was sad because our team lost.

44 There are a lot of traditional Korean restaurants and tea houses in Insadong. Because of this, Insadong is a popular tourist route among foreigners. If foreign friends visit Korea, please bring them there.

45 Tomorrow is my parents' wedding anniversary. I booked two movie tickets and a restaurant with a nice view to congratulate them. I hope they will have a pleasant time tomorrow.

[46~48] **다음을 읽고 중심 내용을 고르십시오.** ▶ P. 62~63

46 토요일에 운동장에서 빨간 가방을 잃어버렸습니다. 가방을 보신 분은 전화 주십시오. 비싸지 않지만 저에게 소중한 물건입니다.

47 저는 지난주에 미용실에서 염색을 했습니다. 그런데 색이 밝아서 얼굴과 어울리지 않습니다. 내일 어두운색으로 바꿀 겁니다.

48 저는 힘든 일이 생기면 낚시를 하러 갑니다. 낚시를 하면서 멋진 경치도 보고 잡은 생선으로 요리도 해 먹으면서 안 좋은 생각을 잊어버리면 기분이 다시 좋아집니다.

[46~48] **Read the following and choose the main content.**

46 I lost a red bag at the playground last Saturday. Please call me if you saw my bag. It isn't expensive, but is precious to me.

47 I got my hair dyed at the hairdresser's last week. But the color is too bright, so it doesn't go well with the tone of my face. I will change my hair color from light to dark tomorrow.

48 I go fishing everytime I have a hard time. I shake off negative thoughts and feel better again when I appreciate nice views while fishing and cook and eat fish that I caught.

[49~50] 다음을 읽고 물음에 답하십시오. ▶ P. 64

봄에는 '황사'라는 먼지바람이 한국으로 불어와서 공기가 나빠집니다. 이때 공기를 많이 마시면 먼지가 몸에 남기 때문에 공기가 나쁜 날에는 밖에 나가지 않는 것이 좋습니다. 밖에 나가야 할 때는 마스크를 꼭 써야 합니다. (㉠) 집에 들어가기 전에 먼지를 털고, 들어가면 샤워 후 깨끗한 옷으로 갈아입으십시오. 물을 자주 마셔서 나쁜 먼지가 몸 밖으로 나가게 하십시오.

[49~50] Read the following and answer the questions.

In spring, dusty wind called "Yellow Dust" blows into Korea, so the air gets worse. On bad air days, it's better not to go outside because dust can get inside of your body when you inhale a lot of air. When you have to go outside, you should definitely wear a mask. (㉠) you should shake off the dust before entering the house, and change into clean clothes after a shower. You should drink water frequently so that harmful dust can be excreted from the body.

[51~52] 다음을 읽고 물음에 답하십시오. ▶ P. 65

저는 방학 때마다 시골에 계시는 할아버지 댁에 갑니다. 할아버지는 집 마당에서 오이와 감자를 키우십니다. 시골에는 '5일 시장'이 있어서 5일에 한 번씩 시장을 엽니다. 우리 할아버지도 5일 시장에 가서 채소를 파십니다. 이곳에서는 자기가 직접 키우거나 만든 것을 팝니다. 그래서 이곳의 물건들은 (㉠) 모양이 없고 가격도 다 다릅니다. 저는 이 시장을 구경하는 것이 참 즐겁습니다.

[51~52] Read the following and answer the questions.

I go to my grandfather's house in the countryside every vacation. My grandfather grows cucumbers and potatoes in his garden. There's a 5-day market in the countryside, which is a market that opens every fifth day. He goes to the 5-day market and sells vegetables. People sell things that they grow or make there. Therefore, things at the 5-day market don't have (㉠) shapes, and prices are all different as well. I enjoy looking around the market.

[53~54] 다음을 읽고 물음에 답하십시오. ▶ P. 66

단것을 자주 먹으면 더 강한 단맛을 찾게 돼서 음식에 설탕을 많이 넣게 됩니다. 그러나 많은 양의 설탕을 먹는 것은 건강에 위험합니다. 요리할 때 (㉠) 설탕 대신에 단 과일이나 야채를 넣으십시오. 슈퍼마켓에서 파는 과일 주스에도 설탕이 많이 들어있으니까 차나 물을 마시고 단것을 마시고 싶을 때는 과일 주스를 직접 만들어 마시는 게 좋습니다.

[53~54] Read the following and answer the questions.

If you eat sweets too often, you end up craving stronger sweet tastes, so you put a lot of sugar on food. However, eating too much sugar is dangerous for your health. You should add sweet fruit or vegetable instead of sugar (㉠) when cooking. Since a lot of sugar is added to fruit juice sold at the supermarket, it's better to drink tea or water or make your own fruit juice when you crave sweets.

[55~56] 다음을 읽고 물음에 답하십시오. ▶ P. 67

텔레비전은 좋은 점이 있습니다. 뉴스를 알 수 있고 재미있는 방송을 보면서 스트레스도 풀 수 있습니다. (㉠) 나쁜 점도 적지 않습니다. 텔레비전을 보는 데 긴 시간을 사용하면 가족들과 이야기하는 시간이 짧아지고 생각하는 시간이 없어집니다. 또 아이들이 텔레비전에 나오는 나쁜 말을 따라 할 수도 있습니다.

[55~56] Reading the following and answer the questions.

There are good things about TV. People can hear the news, and can release stress when they watch interesting TV programs. (㉠), there are also many bad things about TV. If people spend too much time watching TV, they have less time to talk to their family and to think. Besides, children can mimic bad words that are used on TV.

[57~58] **다음을 순서에 맞게 배열한 것을 고르십시오.** ▶ P. 68~69

57 (가) 그런데 친구가 준 초대장을 잃어버렸습니다.
(나) 친구가 저에게 생일 파티 초대장을 줬습니다.
(다) 친구의 생일 파티에 가서 생일을 축하해 주었습니다.
(라) 그래서 친구에게 전화해서 파티 장소와 시간을 물어봤습니다.

58 (가) 그중에서 제일 인기가 많은 음식은 삼계탕입니다.
(나) 그래서 사람들은 건강에 좋은 음식을 많이 찾습니다.
(다) 한국의 여름은 더워서 조금만 움직여도 피곤해집니다.
(라) 삼계탕으로 유명한 식당은 예약하지 않으면 자리가 없습니다.

[57~58] **Choose the correct order of the statements from among the following.**

57 (가) However, I lost the birthday invitation that my friend gave me.
(나) My friend gave me a birthday invitation.
(다) I went to my friend's birthday party and wished him a happy birthday.
(라) Therefore, I called my friend to ask a party venue and time.

58 (가) Among them, the most popular dish is Samgyetang.
(나) So, people look for a lot of healthy food.
(다) In Korea, summers are so hot that even moving a little makes you tired.
(라) If you don't make a reservation, you won't find a seat at restaurants famous for Samgyetang.

[59~60] **다음을 읽고 물음에 답하십시오.** ▶ P. 70

여행을 떠날 때는 이것저것 준비해야 할 것이 많습니다. (㉠) 필요한 것을 모두 가지고 갈 수 있다면 좋을 것입니다. (㉡) 특히 배낭여행을 할 때에 짐이 많으면 몸이 금방 피곤해져서 여러 곳을 구경할 수 없게 됩니다. (㉢) 짐을 가볍게 싸는 것이 즐거운 여행을 하는 좋은 방법입니다. (㉣)

[59~60] **Read the following and answer the questions.**

There are a lot of things to prepare when going on a trip. (㉠) You wish you could bring everything that you need. (㉡) If there is too much luggage, especially during a backpacking trip, you get tired easily, so you can't visit many places. (㉢) Packing lightly is a good way to have a pleasant trip. (㉣)

[61~62] **다음을 읽고 물음에 답하십시오.** ▶ P. 71

요즘 여의도역에서는 점심시간마다 작은 음악회가 열리고 있습니다. 이 음악회는 서울시가 근처 직장인들을 위해 준비한 것으로 전통 음악부터 K-Pop까지 매일 다른 다양한 음악을 들을 수 있어서 (㉠). 또 미리 홈페이지에 신청한 직장인들은 직접 무대에 올라가서 공연을 할 수 있습니다.

[61~62] **Read the following and answer the questions.**

These days, there is a small concert at Yeouido Station every lunch break. The concerts are prepared by the Seoul Metropolitan Government for office workers nearby. (㉠) because you can listen to various genres of music from Korean traditional music to K-Pop every day. In addition, office workers who have applied in advance via the website can go up on stage and perform.

[63~64] **다음을 읽고 물음에 답하십시오.** ▶ P. 72

학생 여러분, 안녕하십니까? 한글날에 대강당에서 '제3회 외국인 한국어 말하기 대회'를 합니다. 외국인 유학생들이 자기의 한국 생활 이야기를 3분 정도 말하는 대회입니다. 대회는 10월 9일 9시에 시작해서 11시에 끝납니다. 대회에 오셔서 유학생들의 이야기를 들어 주십시오. 대회 후에는 함께 비빔밥을 만들어서 식사하려고 합니다. 식사비는 무료입니다.

[63~64] **Read the following and answer the questions.**

Hello, students. "The 3rd Korean Speech Contest" will be held in the auditorium on Hangeul Day. This is a contest in which international students talk about their lives in Korea for about three minutes. The contest begins at 9 o'clock on Oct. 9 and ends at 11 o'clock. Please come to the contest and listen to their stories. We will cook and eat *bibimbap* together after the contest. It is free of charge.

[65~66] **다음을 읽고 물음에 답하십시오.** ▶ P. 73

요즘은 냉장고를 사용하기 때문에 계절에 관계없이 신선한 음식을 먹을 수 있습니다. 그러나 옛날에는 냉장고가 없어서 온도가 높은 여름에는 음식을 오래 보관할 수 없었습니다. 그래서 채소나 과일은 말리고 고기나 생선같이 (㉠) 재료는 소금을 많이 넣어서 짜게 만든 후 보관하였습니다.

[65~66] **Read the following and answer the questions.**

Nowadays, thanks to refrigerators, we can eat fresh food regardless of the season. However, since there were no refrigerators in the old days, food couldn't be kept for a long time in the hot summer. Therefore, vegetables and fruit were dried, (㉠) ingredients such as meat or fish were preserved after adding a lot of salt to make them salty.

[67~68] **다음을 읽고 물음에 답하십시오.** ▸ P. 74

저는 날마다 지하철로 출근하는데 평일 아침 7시부터 9시까지는 빈자리가 없어서 서서 갈 때가 많습니다. 그래서 저는 앉아서 가려고 아침 6시쯤 지하철을 탑니다. 일찍 일어나는 것이 (㉠) 편하게 갈 수 있어서 좋습니다. 보통 라디오를 들으면서 가는데 재미있는 이야기를 듣다가 내려야 할 역을 지나쳐서 지각을 한 적도 있습니다.

[67~68] **Read the following and answer the questions.**

I go to work by subway everyday and have often to stand all the way to work because there are no seats available from 7 to 9 a.m. on weekdays. Therefore, in order to sit, I take the subway at around 6 a.m. (㉠) to wake up early, but I like it because I can go to work comfortably. I usually listen to the radio on the subway. Because of funny stories on the radio, I have missed my stop and been late for work before.

[69~70] **다음을 읽고 물음에 답하십시오.** ▸ P. 75

저는 한국에 온 지 한 달밖에 안 되었습니다. 오늘 한국 통장을 만들러 처음으로 은행에 갔습니다. 번호표를 받고 20분 정도 기다린 후에 은행원이 제 번호를 불러서 창구로 갔습니다. 한국어가 서투르기 때문에 긴장됐습니다. (㉠) 할 말을 미리 연습했는데 은행원이 제 말을 잘 들어 주고 친절하게 도와줘서 통장을 만들 수 있었습니다. 앞으로도 계속 이 은행을 이용할 생각입니다.

[69~70] **Read the following and answer the questions.**

I have only been in Korea for a month. I went to a bank to open a Korean account for the first time today. After I took a number and waited for about 20 minutes, a bank teller called my number, so I went to the counter. I was nervous because of my poor Korean. I practiced what to say in advance (㉠), but the teller was a kind helper as well as a good listener, so I was able to open an account. I will continue to use the bank from now on.

Part 3 실전 모의고사 1회 Mock Test 1

정답 Answers

듣기 ▸ P. 78~85

1. ①	2. ③	3. ②	4. ②	5. ④	6. ③	7. ②	8. ①	9. ③	10. ②
11. ④	12. ②	13. ③	14. ②	15. ④	16. ③	17. ①	18. ②	19. ③	20. ③
21. ①	22. ④	23. ②	24. ②	25. ③	26. ②	27. ③	28. ①	29. ②	30. ④

읽기 ▸ P. 86~99

31. ③	32. ①	33. ④	34. ③	35. ④	36. ②	37. ④	38. ③	39. ①	40. ④
41. ④	42. ②	43. ②	44. ③	45. ①	46. ②	47. ③	48. ④	49. ③	50. ①
51. ③	52. ②	53. ④	54. ③	55. ①	56. ③	57. ②	58. ①	59. ②	60. ④
61. ①	62. ③	63. ③	64. ①	65. ②	66. ④	67. ③	68. ④	69. ③	70. ②

듣기 대본 Listening Script

아래 1번부터 30번까지는 듣기 문제입니다. 문제를 잘 듣고 질문에 맞는 답을 고르십시오. 두 번씩 읽겠습니다.

Questions 1 to 30 are listening questions. Listen to each question carefully and choose the best answer. Each question will be read twice.

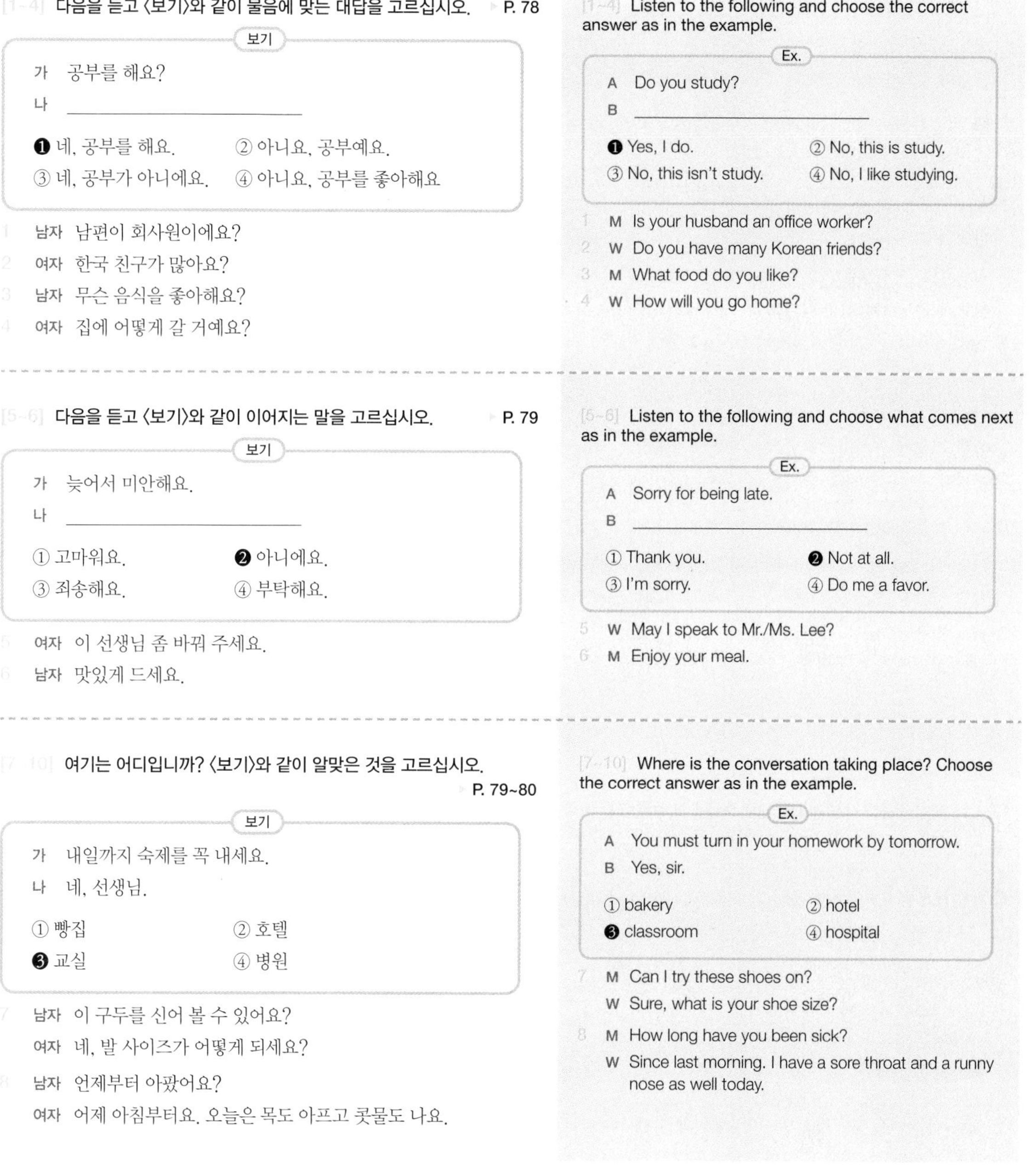

[1~4] 다음을 듣고 〈보기〉와 같이 물음에 맞는 대답을 고르십시오. P. 78

보기

가 공부를 해요?

나 ______________________

❶ 네, 공부를 해요. ② 아니요, 공부예요.

③ 네, 공부가 아니에요. ④ 아니요, 공부를 좋아해요.

1 남자 남편이 회사원이에요?

2 여자 한국 친구가 많아요?

3 남자 무슨 음식을 좋아해요?

4 여자 집에 어떻게 갈 거예요?

[1~4] Listen to the following and choose the correct answer as in the example.

Ex.

A Do you study?

B ______________________

❶ Yes, I do. ② No, this is study.

③ No, this isn't study. ④ No, I like studying.

1 M Is your husband an office worker?

2 W Do you have many Korean friends?

3 M What food do you like?

4 W How will you go home?

[5~6] 다음을 듣고 〈보기〉와 같이 이어지는 말을 고르십시오. P. 79

보기

가 늦어서 미안해요.

나 ______________________

① 고마워요. ❷ 아니에요.

③ 죄송해요. ④ 부탁해요.

5 여자 이 선생님 좀 바꿔 주세요.

6 남자 맛있게 드세요.

[5~6] Listen to the following and choose what comes next as in the example.

Ex.

A Sorry for being late.

B ______________________

① Thank you. ❷ Not at all.

③ I'm sorry. ④ Do me a favor.

5 W May I speak to Mr./Ms. Lee?

6 M Enjoy your meal.

[7~10] 여기는 어디입니까? 〈보기〉와 같이 알맞은 것을 고르십시오. P. 79~80

보기

가 내일까지 숙제를 꼭 내세요.

나 네, 선생님.

① 빵집 ② 호텔

❸ 교실 ④ 병원

7 남자 이 구두를 신어 볼 수 있어요?

여자 네, 발 사이즈가 어떻게 되세요?

8 남자 언제부터 아팠어요?

여자 어제 아침부터요. 오늘은 목도 아프고 콧물도 나요.

[7~10] Where is the conversation taking place? Choose the correct answer as in the example.

Ex.

A You must turn in your homework by tomorrow.

B Yes, sir.

① bakery ② hotel

❸ classroom ④ hospital

7 M Can I try these shoes on?

W Sure, what is your shoe size?

8 M How long have you been sick?

W Since last morning. I have a sore throat and a runny nose as well today.

9 남자 노트북은 몇 층에서 팔아요?
여자 엘리베이터를 타고 4층으로 가세요.

10 여자 경복궁에 가는데 어디에서 내려요?
남자 벨을 누르고 다음 정류장에서 내리세요.

9 M On what floor can I buy a laptop?
W You should take the elevator and go to the 4th floor.

10 M I'm going to Gyeongbokgung Palace. What stop should I get off at?
W You should press the bell and get off at the next stop.

[11~14] 다음은 무엇에 대해 말하고 있습니까? 〈보기〉와 같이 알맞은 것을 고르십시오. ▶ P. 80

보기

가 이 아파트에 살아요?
나 네, 5층에 살아요.

❶ 집 ② 역
③ 주소 ④ 달력

11 여자 우리 내일 어디에서 만날까요?
남자 우체국 앞에서 만납시다.

12 여자 크리스마스에 뭘 받고 싶어요?
남자 저는 시계를 받고 싶어요.

13 남자 토요일과 일요일에 계획이 있어요?
여자 청소를 하거나 테니스를 치려고 해요.

14 여자 이 사진 속의 사람들은 누구예요?
남자 머리가 긴 사람은 누나고 머리가 짧은 사람은 여동생이에요.

[11~14] What are the following conversations about? Choose the correct answer as in the example.

Ex.

A Do you live in this apartment?
B Yes, I live on the 5th floor.

❶ house ② station
③ address ④ calendar

11 W Where will we meet tomorrow?
M Let's meet in front of the post office.

12 W What do you want for Christmas?
M I want a watch.

13 M Do you have any plans for this Saturday and Sunday?
W Yes, I plan to clean the house or play tennis.

14 W Who are the people in this picture?
M The one with long hair is my older sister, and the other one with short hair is my younger sister.

[15~16] 다음을 듣고 가장 알맞은 그림을 고르십시오. ▶ P. 81

15 여자 이 꽃을 선물하고 싶은데 회사로 배달이 되나요?
남자 네, 여기에 꽃을 받는 사람의 이름과 주소를 써 주세요.

16 남자 밖에 비가 오니까 제 우산을 가지고 가세요.
여자 고마워요. 내일 줄게요. 집에 초대해 줘서 고마워요.

[15~16] Listen to the following and choose the picture that matches best.

15 W I'd like to send these flowers as a present. Can you deliver them to a company?
M Yes, please write down the recipient's name and address here.

16 M It's raining outside. Please take my umbrella with you.
W Thank you. I'll bring it back to you tomorrow. Thanks for having me over.

[17~21] 다음을 듣고 〈보기〉와 같이 대화 내용과 같은 것을 고르십시오. ▶ P. 82

보기

가 요즘 한국어를 공부해요?
나 네, 한국 친구한테서 한국어를 배워요.

① 남자는 학생입니다.
② 여자는 학교에 다닙니다.
③ 남자는 한국어를 가르칩니다.
❹ 여자는 한국어를 공부합니다.

17 남자 이 물건을 중국으로 부치려고 하는데 며칠이나 걸려요?
여자 빠른우편은 일주일, 보통 우편은 3주 정도 걸려요.
남자 빠른우편은 요금이 얼마예요?
여자 3만 원이에요. 보통 우편보다 만 원이 비싸요.

[17~21] Listen to the following conversations and choose the statement that matches in the example.

Ex.

A Have you studied Korean recently?
B Yes, I learn Korean from my Korean friend.

① The man is a student.
② The woman goes to school.
③ The man is teaching Korean.
❹ The woman is studying Korean.

17 M I'd like to send this parcel to China. How long will it take?
W It will take a week by express mail and about 3 weeks by regular mail.
M How much is the express mail?
W 30,000 won. It's 10,000 won more expensive than the regular mail.

18 여자 의자도 쓰레기장에 같이 버리면 되죠?
남자 아니요, 가구는 관리실에 말하고 따로 버려야 해요. 돈을 내야 하거든요.
여자 아, 관리실이 어디에 있는지 아세요?
남자 12동 1층에 있어요. 그런데 지금은 퇴근 시간이 지나서 사람이 없을 거예요.

19 남자 13일 저녁, 방을 예약하러 왔는데 방이 있나요?
여자 네, 있습니다. 여권 좀 주시겠어요?
남자 제가 여권을 안 가지고 왔는데 여권이 꼭 필요해요?
여자 죄송합니다, 손님의 여권이 없으면 예약을 하실 수 없습니다.

20 남자 평창으로 가는 버스가 몇 시에 있어요?
여자 1시에 출발하는 버스가 있고 30분마다 한 대씩 있어요. 혼자 가세요?
남자 아니요, 4명이에요. 1시 버스에 자리가 있어요?
여자 죄송하지만, 지금 두 자리밖에 없어서요. 다음 버스를 타셔야겠네요.

21 여자 거기 중국집이지요? 한국아파트 101동 304호인데요, 짜장면 한 그릇과 탕수육 하나 배달해 주세요.
남자 네, 그런데 지금 주문이 많아서 배달까지 한 시간쯤 기다리셔야 하는데 괜찮으시겠어요?
여자 네, 기다릴게요. 신용 카드로 계산할 수 있어요? 현금이 없어서요.
남자 네, 됩니다. 단말기를 가지고 가겠습니다.

18 W I can throw away a chair in the dumping yard too, can't I?
M No, you can't. In the case of furniture, you should inform the apartment management office and throw it away separately because you have to pay money.
W Oh, do you know where the apartment management office is?
M It's on the 1st floor of apartment building 12. However, there won't be anyone there because the the staff has already left work for the day.

19 M I'd like to reserve a room for the evening of the 13th. Do you have any rooms available?
W Yes, we do. May I see your passport?
M I didn't bring it. Is it necessary?
W I'm sorry, sir. You can't reserve a room without your passport.

20 M What time does the bus to Pyeongchang leave?
W It leaves at 1 o'clock and there's a bus every half hour. Are you going alone?
M No, there are 4 of us. Are there seats available on the bus that leaves at 1 o'clock?
W I'm sorry, but there are only 2 seats available. I think you should wait for the next bus.

21 W Hello, this is a Chinese restaurant, right? I'm at Hanguk Apartment, building 101, apartment 304. Please deliver one *jjajangmyeon* and one *tangsuyuk*.
M Yes, but there are a lot of orders, so it will take about one hour to deliver. Is that okay with you?
W Sure, I'll wait. Can I pay by credit card? I don't have any cash.
M Yes, you can. I'll bring a credit card reader.

[22~24] 다음을 듣고 여자의 중심 생각을 고르십시오. ▸ P. 83~84

22 여자 지훈 씨, 30분이나 기다렸는데 왜 안 오세요?
남자 세인 씨, 미안해요. 가고 있는데 길이 많이 막히네요. 앞에서 사고가 난 것 같아요.
여자 그랬군요. 제가 지금 회사에 다시 들어가야 하니까 다음에 만나는 게 어때요?
남자 그래요. 다음에 봐요 정말 미안해요.

23 여자 어제 여기에서 이 가방을 샀어요. 영수증을 버렸는데 교환할 수 있어요?
남자 아, 어제 저녁에 가방을 사셨지요? 그런데 왜 바꾸려고 하세요?
여자 집에 가서 물건을 넣어 봤는데 생각보다 많이 넣을 수 없어서 불편해요.
남자 물건을 많이 가지고 다니시는군요. 이쪽에 큰 가방이 많으니까 골라 보세요.

24 남자 제가 이메일로 보낸 자료를 확인하셨어요?
여자 언제 보냈는데요? 아침에 확인했을 때는 이메일이 없었어요.
남자 이상하네요. 어제 저녁에 보내고 보낸 메일까지 확인했거든요.
여자 제 이메일에 문제가 있는 것 같아요. 팩스로 다시 한번 보내 줄래요?

[22~24] Listen to the following and identify the woman's main idea.

22 W Jihun, I've been waiting for you for 30 minutes. What is taking you so long?
M Sein, I'm sorry. I'm on my way, but there's a bad traffic jam. There seems to be an accident up ahead.
W I see. I have to go back to work now, so how about meeting next time?
M Okay. See you next time. I'm so sorry.

23 W I bought this bag here yesterday. I threw away the receipt, but can I exchange it?
M Oh, you bought the bag yesterday evening, didn't you? By the way, why do you want to exchange it?
W I went back home and put some stuff in the bag but it was inconvenient because I couldn't put much in it.
M You must carry many things. There are a lot of big bags over here, so please feel free to choose one.

24 M Have you checked the document that I sent you by email?
W When did you send it to me? There was no email when I checked in the morning.
M That's strange. I sent it yesterday evening and also checked the sent email.
W I think there's something wrong with my email. Would you send it again by fax, please?

[25~26] **다음을 듣고 물음에 답하십시오.** ▶ P. 84

여자 잠시 안내 말씀 드리겠습니다. 지금 102동 엘리베이터를 수리 중입니다. 그런데 수리 시간이 생각보다 오래 걸릴 것 같습니다. 지금부터 6시까지 5시간 동안 엘리베이터를 사용하실 수 없습니다. 계단을 이용해 주시기 바랍니다. 수리가 끝나면 다시 안내해 드리겠습니다.

[25~26] **Listen to the following and answer the questions.**

W This is an announcement from the apartment maintenance office. The elevator in building 102 is under repair. However, it is going to take longer than expected. You will be unable to use the elevator for 5 hours, from now until 6 o'clock. Please use the stairs. We will make another announcement when the repairs are done.

[27~28] **다음을 듣고 물음에 답하십시오.** ▶ P. 84~85

여자 정규 씨, '집들이'가 뭐예요?

남자 새로 이사한 집에 손님을 초대하는 한국의 문화예요.

여자 신혼부부의 집들이에 초대받았는데 처음이라서 뭘 사 가면 좋을지 모르겠어요.

남자 보통은 휴지나 세제 같은 자주 쓰는 물건을 사 가지만 그림 액자를 선물하면 어떨까요?

여자 좋은 생각이네요. 오늘 시간이 있으면 선물 사는 것을 좀 도와줄래요?

남자 네, 인사동에 그림을 파는 가게가 많아요. 퇴근 후에 일 층에서 만납시다.

[27~28] **Listen to the following and answer the questions.**

W Jeonggyu, what is a "*jipdeuri*"?

M It's part of Korean culture in which people who have moved into a new place invite guests.

W I was invited to a newlywed couple's jipdeuri, but I don't know what to buy because this is my first time.

M People usually buy something that people use a lot of, such as toilet paper or detergent, but how about a framed painting?

W Good idea. Would you help me buy a gift if you have time today?

M Sure. There are many shops that sell paintings in Insadoing. Let's meet on the 1st floor after work.

[29~30] **다음을 듣고 물음에 답하십시오.** ▶ P. 85

여자 선생님, 안녕하세요? 제가 요즘 늦게까지 못 자서 걱정이 돼서 왔어요.

남자 음……. 하루에 커피를 몇 잔이나 드세요? 그리고 자기 전에는 보통 뭘 하시나요?

여자 커피는 세 잔쯤 마시고, 운동을 하거나 불을 끄고 노트북을 보다가 자는 편이에요.

남자 커피는 카페인이 있으니까 하루에 두 잔만 드세요. 어두운 곳에서 노트북을 보면 눈이 피곤해서 머리가 아프기 쉽고, 또 운동 후에는 더워서 잠을 못 잘 수 있으니까 늦은 시간에 하지 마세요.

여자 네. 그럼 약은 안 먹어도 될까요?

남자 네, 일주일 동안 제가 알려 드린 것을 해 보시고 계속 문제가 있으면 다시 오세요.

[29~30] **Listen to the following and answer the questions.**

W Hi, doctor. I'm worried because lately, I can't sleep until late.

M Umm... How many cups of coffee do you drink a day? What do you usually do before going to bed?

W I drink about 3 cups of coffee. I usually exercise or use my laptop with the lights off and then fall asleep.

M Since coffee has caffeine, you should drink only 2 cups of coffee a day. It's easy to get a headache if you use a laptop in a dark place because you strain your eyes. It can be too hot for you to sleep after you exercise, so please don't exercise late at night.

W I see. Then I don't have to take any medicine?

M Right, please follow my instructions for a week and come back if the problem persists.

읽기 지문 번역 Reading Script Translation

[31~33] 무엇에 대한 내용입니까? 〈보기〉와 같이 알맞은 것을 고르십시오.
▸ P. 86

보기

사과가 있습니다. 그리고 배도 있습니다.

① 요일 ② 공부 ❸ 과일 ④ 생일

31 친구들을 초대했습니다. 케이크를 먹고 선물을 많이 받았습니다.

32 사과는 빨갛습니다. 하늘은 파랗습니다.

33 주말에 백화점에 갔습니다. 가격이 싸서 바지와 티셔츠를 많이 샀습니다.

[31~33] What are the following texts about? Choose the correct answer as in the example.

Ex.

There is an apple. And there's a pear.

① day of the week ② study
❸ fruit ④ birthday

31 I invited friends. We had cake, and I got a lot of gifts.

32 An apple is red. The sky is blue.

33 I went to a department store last weekend. I bought a lot of pants and T-shirts because they were inexpensive.

[34~39] 〈보기〉와 같이 ( )에 들어갈 말로 가장 알맞은 것을 고르십시오.
▸ P. 86~87

보기

날씨가 좋습니다. ( )이 맑습니다.

① 눈 ② 밤 ❸ 하늘 ④ 구름

34 월요일( ) 금요일까지 회사에서 일합니다.

35 지갑에 돈이 없습니다. 그래서 은행에 돈을 ( )갑니다.

36 운동을 해서 목이 마릅니다. ( )을 마시고 싶습니다.

37 높은 구두를 신고 오래 걸었습니다. 그래서 다리가 ( ).

38 친구가 전화를 안 받습니다. 이따가 ( ) 전화 하겠습니다.

39 우체국은 3번 출구 앞에 있습니다. 3번 출구로 ( ).

[34~39] Choose the most appropriate word for the blank as in the example.

Ex.

The weather is fine. The ( ) is clear.

① snow ② night ❸ sky ④ cloud

34 I work for a company ( ) Monday to Friday.

35 I don't have any money in my wallet. Therefore, I'm going to the bank to ( ) money.

36 I exercised, so I'm thirsty. I want to drink ( ).

37 I walked for a long time in high heels. Therefore, my legs ( ).

38 My friend isn't answering the phone. I will call ( ) later.

39 The post office is at Exit No.3. Please ( ) Exit No.3.

[40~42] 다음을 읽고 맞지 <u>않는</u> 것을 고르십시오.
▸ P. 88~89

40

가족 사랑 음악회

일시: 2022년 4월 23일(토) ~ 2022년 4월 30일(토) 오후 5시
장소: 하나극장
예매: (02) 777-1243 http://www.yesul.com
*홈페이지 예매 시 10% 할인
가격: VIP석 70,000원 R석 50,000원 A석 30,000원

[40~42] Read the following and choose the statement that <u>doesn't</u> agree.

40

Family Love Concert

Date: Saturday, April 23 ~ Saturday, April 30, 2022 (5 p.m.)
Venue: Hana Theater
Reservations: (02) 777-1243 http://www.yesul.com
*10% off for reservations made through the website
Ticket Price: VIP seats 70,000 won
R seats 50,000 won
A seats 30,000 won

41

사랑 주식회사
부장 나연숙
주소: 서울시 강남구 역삼동 21 하나빌딩 3층
회사: (02) 563-3226
H.P: 010-1234-5789

41

Sarang Corporation
Department Manager: Na Yeonsuk
Address: 3F Hana Building, 21 Yeoksam-dong, Gangnam-gu, Seoul
Company Phone: (02) 563-3226
Mobile Phone: 010-1234-5789

42

〈노트북을 팝니다〉
사용 기간: 1년 (작년 7월에 샀습니다.)
A/S 기간: 구입 후 2년
가격: 80만 원 (처음 가격: 120만 원)
휴대 전화: 010-5789-1234
(21시 이후에는 문자를 보내 주세요.)

42

<Laptop For Sale>
Duration of Use: 1 year (bought in July of last year)
Warranty Period: 2 years from the original purchase date
Asking Price: 800,000 won (originally 1,200,000 won.)
Cellular Phone: 010-5789-1234
(If you want to contact me after 21 o'clock, please text me.)

[43~45] 다음을 읽고 내용이 같은 것을 고르십시오. ▶ P. 89~90

43 제 하숙집은 학교 근처에 있습니다. 개인 화장실이 있고 깨끗합니다. 아침을 먹을 수 있고 아주머니도 친절합니다.

44 오늘 누나와 집 앞 공원에 놀러 갔습니다. 공원에서 자전거를 타고 꽃도 구경했습니다. 7시쯤에 집에 돌아왔습니다.

45 행복주유소가 한국대학교 앞으로 이사했습니다. 이번 주까지 기름을 넣으시는 분들께 선물로 영화표를 드립니다.

[43~45] Read the following and choose the statement that matches.

43 My homestay is near my school. It has a private bathroom and is clean. I can eat breakfast, and the homestay lady is kind as well.

44 Today, I went to the park in front of our house with my older sister. We rode bicycles and admired the flowers at the park. We came back home at around 7 p.m.

45 Haengbok Gas Station has moved to a new location in front of Hanguk University. Through the end of this week, we will give complimentary movie tickets to customers who purchase gas.

[46~48] 다음을 읽고 중심 내용을 고르십시오. ▶ P. 90~91

46 이번 여름휴가 때 일본에 가기로 했습니다. 도쿄 타워에서 야경을 보고 기념품을 사고 불꽃 축제에도 갈 겁니다. 여름이 빨리 오면 좋겠습니다.

47 저는 매일 자전거로 출근합니다. 자전거를 타면 기분이 좋고 스트레스가 풀립니다. 주말에도 아이들과 자전거를 타고 한강에 갑니다.

48 저는 노래를 못합니다. 제 친구는 가수처럼 잘합니다. 그래서 저도 친구처럼 되고 싶습니다.

[46~48] Read the following and choose the main content.

46 I am going to Japan this summer vacation. I will see the night view from Tokyo Tower, buy souvenirs, and go to a fireworks festival. I can't wait for summer to come.

47 I go to work by bicycle every day. Riding a bicycle makes me feel good and releases my stress. I go to the Hangang River with my children by bicycle on the weekends as well.

48 I can't sing well. My friend sings like a professional singer, so I want to be like my friend.

[49~50] 다음을 읽고 물음에 답하십시오. ▶ P. 91~92

우리 가족은 주말마다 가족 신문을 만듭니다. 남편과 저의 회사 이야기, 아이들의 학교 이야기를 한 후 함께 글을 쓰고 그림을 그립니다. 전에는 아이들이 글쓰기를 싫어해서 걱정했는데 신문을 (㉠) 아이들이 글 쓰는 것을 즐거워합니다.

[49~50] Read the following and answer the questions.

Our family makes a family newspaper every weekend. We talk about my children's school and the company where my husband and I work, and then we write articles and draw pictures together. I was worried because the children didn't like writing before, but they enjoy writing (㉠) newspaper.

[51~52] **다음을 읽고 물음에 답하십시오.** ▶ P. 92

많이 웃는 사람이 행복해집니다. 웃을 때 우리 몸에서는 '엔도르핀'이 나와서 힘이 납니다. 웃음은 좋은 운동입니다. 100번 웃으면 10분 동안 농구를 한 것과 같습니다. 슬플 때 웃긴 영화를 (㉠) 만화책을 읽으면 슬픈 생각을 잊어버립니다. 많이 웃으면 행복이 찾아옵니다.

[51~52] **Read the following and answer the questions.**

People who laugh a lot become happy. When we laugh, endorphins are released in our bodies and give us energy. Laughter is a good exercise. Laughing one hundred times is equivalent to a 10-minute basketball practice. If people watch funny movies (㉠) read comic books when they are sad, then they forget about their sad feelings. People can find happiness if they laugh a lot.

[53~54] **다음을 읽고 물음에 답하십시오.** ▶ P. 93

저는 취직을 준비하고 있습니다. 회사에 다니고 있는 친구들은 (㉠) 회사가 최고라고 합니다. 그러나 저는 돈보다 저와 맞는 일을 찾는 게 중요합니다. 돈을 많이 벌어도 일이 즐겁지 않으면 오래 할 수 없기 때문입니다. 그래서 저는 시간이 오래 걸려도 즐거운 일을 할 수 있는 회사를 찾을 겁니다.

[53~54] **Read the following and answer the questions.**

I'm looking for a job. My friends who work for companies say that companies (㉠) are the best. However, finding a job that is suitable for me is more important than earning a lot of money. Even if I earn a lot of money, I can't work for a long time if I'm not happy with my job. Therefore, even though it will take longer, I will look for a company at which I can be happy with the work.

[55~56] **다음을 읽고 물음에 답하십시오.** ▶ P. 93~94

우리 회사는 회식을 자주 하는데 장소를 선택하기 어려울 때마다 '행복뷔페'를 이용합니다. 행복뷔페에서는 12,000원에 한식, 일식, 중식, 양식 등 모든 음식을 먹을 수 있습니다. (㉠) 메뉴를 고민할 필요가 없습니다. 주말에는 평일보다 3,000원을 더 내야 하지만 특별 메뉴가 나오고 와인을 마실 수 있기 때문에 뷔페를 찾는 사람이 더 많습니다.

[55~56] **Read the following and answer the questions.**

At our company, we often go to dinner after work. Whenever we have a hard time choosing a dining place, we go to Haengbok Buffet. At Haengbok Buffet, we can have all kinds of food such as Korean, Japanese, Chinese, and Western cuisine and more for 12,000 won. (㉠), people don't need to bother looking at the menu. Even though it's 3,000 won more expensive on weekends than on weekdays, there are more people who visit the buffet restaurant on weekends because there are special dishes and they can have wine as well.

[57~58] **다음을 순서에 맞게 배열한 것을 고르십시오.** ▶ P. 94

57 (가) 따라서 옷은 직접 입어 보고 사는 것이 좋습니다.
(나) 최근 인터넷으로 물건을 구매하는 사람들이 점점 많아지고 있습니다.
(다) 하지만 옷은 입어 볼 수 없기 때문에 사이즈가 맞지 않는 경우가 있습니다.
(라) 짧은 시간에 여러 상품을 구경할 수 있고 가게를 돌아다니지 않아도 되기 때문입니다.

58 (가) 그래서 집에서 우산을 가지고 나왔습니다.
(나) 그런데 지하철 선반에 우산을 놓고 내렸습니다.
(다) 아침에 하늘이 흐렸습니다. 비가 올 것 같았습니다.
(라) 밖으로 나왔을 때 비가 내려서 비를 맞으면서 학교에 갔습니다.

[57~58] **Choose the correct order of the statements from among the following.**

57 (가) Therefore, it is good to try on clothes before buying them.
(나) There are more and more people who buy clothes on the internet.
(다) However, as people can't try the clothes on, there are times when the size isn't right.
(라) This is because you can look at many items in a short time and don't need to walk around stores.

58 (가) Therefore, I brought my umbrella from home.
(나) However, I left my umbrella on the shelf in the subway.
(다) It was cloudy this morning. It looked like it was going to rain.
(라) It was raining when I came out of the subway station, so I got wet going to school.

[59~60] **다음을 읽고 물음에 답하십시오.** ▶ P. 95

발이 건강해야 몸도 건강합니다. (㉠) 신발을 고를 때에는 굽이 낮고 자기의 발보다 조금 큰 사이즈를 선택하는 것이 좋습니다. 걸을 때는 조금 빠른 걸음으로 걷고 (㉡) 실내에서는 신발을 벗고 공기가 통하게 하십시오. (㉢) 발이 피곤한 날에는 따뜻한 물에 담근 후에 마사지를 하고 발이 붓는 분은 잘 때 다리를 높은 곳에 놓고 주무십시오. (㉣)

[59~60] **Read the following and answer the questions.**

You are healthy when you have healthy feet. (㉠) when choosing shoes, it's good to choose a pair with low heels in a size a little bigger than your shoe size. When you walk, go a little faster and (㉡) you should take off your shoes indoors so that they can air out. (㉢) On days when you have tired feet, you should soak your feet in warm water and massage them. If your feet get swollen easily, you should put your feet in a higher position while sleeping. (㉣)

[61~62] **다음을 읽고 물음에 답하십시오.** ▶ P. 96

매년 700만 명이 방문하는 서울에 시티투어 버스가 생겼습니다. 출발 장소인 광화문에서 버스를 탄 후 원하는 장소에 내려서 구경하고, 내린 장소에서 다음 버스를 타면 됩니다. 이용 시간은 오전 9시부터 오후 9시고 월요일은 운행하지 않습니다. 의자마다 관광지 안내를 들을 수 있는 기계가 있습니다. (㉠) 여행책을 찾지 않아도 됩니다.

[61~62] **Read the following and answer the questions.**

The Seoul City Tour Bus newly runs in Seoul, a city that 7 million people visit every year. You can take the bus at Gwanghwamun, which is the start of the route, get off at any place you want to visit, and then get on the next available bus at the place where you got off. The service runs from 9 a.m. to 6 p.m., and is not offered on Mondays. Every seat has a machine that allows you to hear introductions of the tourist attractions. (㉠) you don't have to look through your travel guidebook.

[63~64] **다음을 읽고 물음에 답하십시오.** ▶ P. 96~97

학생 여러분, '김치 만들기' 행사에 신청해 주셔서 감사합니다.
이번 주 토요일 오전 10시부터 1시까지 1층 대강당에서 합니다.
12부터 1시까지는 점심시간입니다. 학생 식당으로 오시면 김밥과 물을 드립니다. 식사 후에 1층에서 같이 사진을 찍겠습니다. 토요일에 뵙겠습니다.

[63~64] **Read the following and answer the questions.**

Hello, students. Thank you for applying for the "Making Kimchi" event. The event will be held in the auditorium on the 1st floor from 10 a.m. to 1 p.m. this Saturday. Lunch break is from 12 p.m. to 1 p.m. We will provide *gimbap* and water if you come to the student cafeteria. We will take a picture together on the 1st floor after lunch. See you on Saturday.

[65~66] **다음을 읽고 물음에 답하십시오.** ▶ P. 97

해외여행 전에 준비하면 좋은 것들이 있습니다. 먼저, 여행할 곳의 날씨를 알아보고 날씨에 맞는 옷만 싸서 필요 없는 짐을 줄이십시오. 공항은 환율이 비싸니까 여행 시 쓸 비용을 계산하여 집 근처 은행에서 (㉠) 놓으십시오. 그리고 여행지의 문화와 역사를 공부해 가면 더 많은 것을 느끼고 경험할 수 있으니까 관련된 책을 미리 읽고 가십시오.

[65~66] **Read the following and answer the questions.**

There are things that are beneficial for you to prepare before an overseas trip. First, you should check out the weather at your travel destination and only pack clothes needed for that weather in order to reduce unnecessary luggage. Next, you should estimate travel costs and (㉠) at a bank close to your place to avoid high currency exchange fees at the airport. Finally, you should read a related book because you can feel and experience more if you study the culture and history of your travel destination.

[67~68] **다음을 읽고 물음에 답하십시오.** ▶ P. 98

한옥과 아파트는 문을 여는 방법에 차이가 있습니다. 한옥은 문을 밖에서 안으로 밀어서 여는 방식이라 들어가는 게 쉽지만 아파트는 안에서 밖으로 미는 방식으로 나가기 쉽게 지었습니다. 한옥은 손님에게 문을 열어 줄 때 집주인이 한 발 뒤로 (㉠) 문을 당기지만 아파트는 손님이 한 발 뒤로 가야 해서 불편합니다. 옛날 사람들은 다른 사람을 먼저 생각해서 문을 만든 것 같습니다.

[67~68] **Read the following and answer the questions.**

The ways of opening *hanok* and apartment doors are different. Hanok doors open inward, so it is easier to enter, but apartment doors open outward, making it easier to leave. In the case of hanok, when a resident opens a door for a guest, they pull the door (㉠) a step back. However, in the case of an apartment, it is inconvenient for a guest because the guest has to take a step back. People in the old days seem to have made doors in consideration of others first.

[69~70] 다음을 읽고 물음에 답하십시오. ▸ P. 98~99

부모님은 먼 곳에 살고 계셔서 자주 찾아뵙기 힘듭니다. 그래서 부모님이 그리울 때마다 전화를 합니다. 전에는 목소리밖에 들을 수 없었는데 요즘은 스마트폰으로 서로 얼굴을 보며 통화할 수 있어서 옆에 있는 것처럼 느껴집니다. 스마트폰을 사 드리기 전에는 부모님께서 잘 (㉠) 걱정했는데 부모님이 생각보다 훨씬 잘 사용하셔서 다행입니다.

[69~70] Read the following and answer the questions.

Since my parents live far away, it is hard for me to visit them often. Therefore, I call my parents whenever I miss them. I could only hear their voices before, but nowadays with smartphones we can video chat, and it feels like they are right next to me. Before I bought smartphones for them, I was worried that they (㉠) well. However, I am relieved that they use them far better than I expected.

해설 Questionnaire Explanation

듣기 ▸ P. 78~85

1 남편이 회사원이면 '네, 회사원이에요.' 아니면 '아니요, 회사원이 아니에요.'라고 대답해야 합니다.
If the woman's husband is an office worker, she should answer with, "네, 회사원이에요. (Yes, he is an office worker.)" If not, she should answer with, "아니요, 회사원이 아니에요? (No, he is not an office worker.)"

2 친구가 많으면 '네, 많아요.' 그렇지 않으면 '아니요, 안 많아요./ 적어요./ 없어요.'로 대답해야 합니다.
If you have many friends, you should answer with, "Yes, I have many friends." If not, you should answer with "No, I don't have many friends./I have a few friends./I have no friends."

3 '무슨'은 종류나 이름을 묻는 말입니다. '(음식 종류 또는 이름)을/를 좋아해요'로 대답해야 합니다.
"무슨" is a question word that is used when one asks about a type or name of a food. Thus, you should answer with "(food type or name)을/를 좋아해요."

4 '어떻게'는 수단을 묻는 말입니다. 집에 가는 수단을 묻고 있습니다. 버스는 집에 가는 수단입니다.
"어떻게" is a question word that is used when one asks about the means by which something is done. The man is asking about means of transportation to go home and a bus is means of transportation.

5 상대방이 전화로 다른 사람을 바꿔 달라고 할 때는 '잠깐만 기다리세요.'라고 말합니다.
One should say "잠깐만 기다리세요. (Hold on, please.)" when they are asked to put somebody on the phone.

6 상대방이 식사 전에 '맛있게 드세요.'라고 하면 '맛있게 드세요.' 또는 '잘 먹겠습니다.'라고 말합니다.
The response to the statement "맛있게 드세요" before meals is to say "맛있게 드세요" or "잘 먹겠습니다."

7 구두를 신어 보고 발 사이즈를 묻는 곳은 신발 가게입니다.
Judging from the use of words such as shoes or shoe size, the conversation is taking place at a shoe store.

8 남자가 여자에게 얼마나 오래 병에 걸렸으며, 그 증상에 대해 묻고 있으므로 이 대화가 병원에서 일어나고 있음을 추측할 수 있습니다.
Based on the fact that the man asks the woman about the duration of her sickness and the woman talks about her symptoms, you can infer that the conversation is taking place at a hospital.

9 남자가 노트북을 파는 곳이 어디냐고 묻는 것으로 봤을 때 대화가 일어난 장소는 전자 상가입니다.
Based on the fact that the man asks where the laptop section is, the conversation is taking place at an electronic shopping mall.

10 남자는 여자에게 내리는 곳을 알려 주고 있습니다. 벨을 누르고 내리는 곳은 버스입니다.
The man informs the woman how and where to get off, so you can infer that the conversation is taking place on a bus.

11 '어디'는 장소를 묻는 말이고 우체국은 장소입니다.
"어디" is a question word that is used when one asks about the place and the post office is a place.

12 대화를 통해 남자가 크리스마스 선물로 시계를 받고 싶다는 것을 알 수 있습니다.
Judging from statement, you know that the man wants to receive a watch as a Christmas gift.

13 남자가 말한 토요일과 일요일은 주말이고 여자는 주말 계획을 이야기하고 있습니다.
Saturday and Sunday are also called the weekend and the woman is talking about her weekend plans.

14 남자가 말한 누나와 여동생은 가족입니다. 사진 속의 가족에 대해 이야기 하고 있습니다.
The man says that his older and younger sister are in picture, so you know that he is talking about his family in the picture.

15 여자는 '꽃'을 가리키고 있고 남자는 여자에게 '주소'를 쓸 종이와 펜을 건네는 그림을 선택해야 합니다.
You should choose the picture showing the woman pointing at specific flowers, and the man handing a piece of paper and a pen to the woman.

16 '밖에 비가 온다.'고 했으므로 두 사람은 실내에 있다는 것을 알 수 있습니다. 남자가 '우산을 가지고 가라.'고 했으므로 여자에게 우산을 건네는 그림을 선택해야 합니다.
Judging from the man saying, "밖에 비가 온다 (It's raining outside.)," you know that two people are indoors. Since the man said, "우산을 가지고 가라. (Take the umbrella with you.)," you should choose the picture in which the man hands an umbrella to the woman.

17 여자는 빠른우편이 3만 원이고, 보통 우편보다 만 원이 비싸다고 했으므로 답은 ①번입니다.
Based on the fact that the express mail is 30,000 won and is 10,000 won more expensive than the regular mail, the correct answer is ①.

18 여자는 관리실이 어디에 있는지 물었으므로 답은 ②번입니다.
Judging from the fact that the woman asks the man the location of the apartment management office, the correct answer is ②.

19 여권이 없으면 예약할 수 없다고 했으므로 답은 ③번입니다
The woman says that the man can't reserve a room without his passport. Thus, the correct answer is ③.

20 1시 버스는 두 자리밖에 없다고 했으므로 답은 ③번입니다.
The woman says that there are only two seats available on the bus that leaves at 1 o'clock. Thus, the correct answer is ③.

21 남자가 주문이 많아서 한 시간쯤 배달을 기다려야 한다고 했으므로 답은 ①번입니다.
Judging from the man saying, "There are a lot of orders, so it will take about one hour to deliver," the correct answer is ①.

22 여자는 다음에 만나는 게 어떻냐고 물었으므로 ④번과 같이 남자와 다른 날에 만나고 싶다는 것을 알 수 있습니다.
The woman asks the man to meet next time; therefore, you can infer that the woman wants to meet the man some other day.

23 여자는 어제 산 가방에 물건을 많이 넣을 수 없어서 불편하다고 했고 교환 가능한지 물었으므로 큰 가방으로 바꾸고 싶다는 것을 알 수 있습니다.
The woman says that the bag that she bought yesterday is inconvenient because she can't put a lot of things in it. She asks if she can exchange it; therefore, you can infer that she wants to exchange it for a bigger bag.

24 여자는 남자가 보낸 이메일을 받지 못했는데 팩스로 다시 보내 달라고 했으므로 자료를 팩스로 다시 받고 싶다는 것을 알 수 있습니다.
The woman says that she didn't get the email that the man sent, and asks the man to send it again by fax. Therefore, you know that the woman wants to get the document again by fax.

25 엘리베이터 수리 상황에 대해서 안내하고 있습니다. 그래서 답은 ③번입니다.
It is an announcement on the ongoing elevator repairs. Thus, the correct answer is ③.

26 엘리베이터를 수리 중인데 5시간 동안 사용할 수 없다고 했으므로 답은 ②번입니다.
① ~~6시부터 수리할 계획입니다~~.
→ 현재 수리 중입니다.
③ 5시에는 엘리베이터를 ~~사용할 수 있습니다~~.
→ 6시까지 사용할 수 없습니다.
④ 6시까지 ~~엘리베이터와 계단을~~ 이용할 수 없습니다.
→ 엘리베이터만 사용 불가입니다.
The announcement says that the elevator is under repair; therefore, people can't use the elevator for 5 hours. Thus, the correct answer is ②.
① ~~The elevator will be repaired from 6 o'clock.~~
→ The elevator is under repair now.
③ People ~~can use~~ the elevator at 5 o'clock.
→ People can't use the elevator until 6 o'clock.
④ People can't use ~~the elevator or the stairs~~ until 6 o'clock.
→ Only the elevator can't be used.

27 여자는 집들이 선물에 대해 고민하고 있고 남자는 선물을 추천해 주고 있습니다. 두 사람은 선물에 대해 이야기하고 있으므로 답은 ③번입니다.

Judging from the fact that the woman can't decide what to buy for a *jipdeuri* (housewarming party) and the man recommends a housewarming gift, you know that they are talking about gifts. Thus, the correct answer is ③.

28 여자가 신혼부부의 집들이에 초대받은 게 처음이라고 했으므로 답은 ①번입니다.

② 여자는 집들이에 ~~휴지와 세제를~~ 사 갈 겁니다.
→ 남자가 추천해 준 선물을 사 갈 겁니다.

③ ~~인사동에서 그림 액자를 싸게 살 수 있습니다.~~
→ 없는 내용입니다.

④ 집들이는 ~~특별한 날에~~ 손님을 집으로 초대하는 문화입니다. → 새로 이사한 집에 손님을 초대하는 문화입니다.

Judging from the woman's statement that she was invited to a newlywed couple's housewarming party for the first time, the correct answer is ①.

② The woman will buy ~~toilet paper and detergent~~ for the jipdeuri.
→ The woman will buy a gift that the man recommended.

③ ~~One can buy a framed painting at a reasonable price in Insadong.~~
→ This is not mentioned.

④ A jipdeuri is a culture of inviting guests ~~on a special day~~.
→ It is a culture of people who have moved into a new house inviting guests.

29 '늦게까지 못 자서' 왔다고 했으므로 잠을 잘 못 자서 온 것입니다.

Since the woman said that she came "늦게까지 못 자서 (because she can't sleep until late)," you know that she came because she can't sleep well.

30 여자는 불을 끄고 노트북을 한다고 했으므로 답은 ④번입니다.

① 여자는 ~~일주일 후에 다시 와야~~ 합니다.
→ 계속 문제가 있으면 다시 오라고 했습니다.

② 커피는 하루에 ~~한 잔만~~ 마셔야 합니다.
→ 두 잔까지 괜찮습니다.

③ 자기 전에 운동을 하면 ~~잘 잘 수 있습니다.~~
→ 더워서 잘 수 없습니다.

Based on the woman's statement, you know that she uses a laptop with the lights off. Thus, the correct answer is ④.

① The woman ~~has to come back in 1 week.~~
→ The man asked the woman to come back if the problem persists.

② The woman has to ~~drink only a cup of coffee~~ a day.
→ It is okay for the woman to drink 1 or 2 cups of coffee a day.

③ Exercising before going to bed helps the woman ~~have a good night's sleep.~~
→ It is too hot for the woman to sleep after exercising.

읽기 ▸ P. 86~99

31 케이크를 먹고 선물은 받는 날은 생일입니다. 답은 ③번입니다.

The day on which one eats cake and gets gifts is one's birthday. Thus, the correct answer is ③.

32 '빨갛다', '파랗다'는 색을 나타내는 단어입니다. 답은 ①번입니다.

"빨갛다 (red)" and "파랗다 (blue)" are colors. Thus, the correct answer is ①.

33 백화점에서 물건을 사는 행동을 '쇼핑'이라고 합니다.

The act of purchasing things at a department store is called "쇼핑 (shopping)."

34 '부터'는 범위의 시작을 나타내는 말입니다. 끝을 나타내는 '까지'와 같이 쓰이는 경우가 많습니다.

"부터 (from)" indicates a starting point. It is usually used together with "까지 (to)," which indicates an end point.

35 돈이 없어서 은행에 돈을 찾으러 가는 것이 가장 적절합니다. 답은 ④번입니다.

Since the narrator doesn't have any money and goes to the bank to do something, the word "(돈을) 찾다 (to withdraw)" is the most appropriate one to use. Thus, the correct answer is ④.

* '(장소)에 V-(으)러 가다'는 장소에 가는 목적을 나타냅니다.
"(장소)에 V-(으)러 가다" indicates the purpose of going to a certain place.
Ex 스키장에 스키를 타러 갑니다. I go to a ski resort to ski.

36 목이 마를 때는 물을 마시므로 답은 ②번입니다.

You drink water when thirsty. Thus, the correct answer is ②.

37 높은 구두를 신고 오래 걸으면 다리가 아픕니다. 그래서 답은 ④번입니다.

Your legs hurt if you walk for a long time in high heels. Thus, the correct answer is ④.

38 전화를 했지만 안 받아서 이따가 한 번 더 전화하겠다는 의미입니다. 그래서 답은 ③번입니다.

The narrator will call again because no one answers the phone. Thus, the correct answer is ③.

39 출구는 안에서 밖으로 나가는 곳입니다. 우체국에 가려면 3번 출구로 나가야 합니다.

"출구 (an exit)" is a place where one who is inside can go outside. In order to go to the post office, one should go out of Exit No.3.

• 나가다 ↔ 나오다 to go out ↔ to come out
들어가다 ↔ 들어오다 to go in ↔ to come in

40 홈페이지 예매 시 할인이 된다고 되어 있으므로 ④번이 맞지 않습니다.
The notice says that one can get 10% off for reservation through website; therefore, ④ is incorrect.

41 ④번의 전화번호는 회사 전화번호입니다.
The telephone number in ④ is a office phone number.

42 21시 이후에는 문자를 보내 달라고 했으므로 답은 ②번입니다.
The narrator asked people who want to contact them to send a text after 9 p.m. Thus, the correct answer is ②.
• 구매 purchase

43 개인 화장실은 혼자 쓰는 화장실을 의미하므로 답은 ②번입니다.
① 학교와 하숙집이 ~~멉니다~~.
→ 학교는 하숙집 근처에 있습니다.
③ 아주머니가 요리를 잘하십니다.
→ 없는 내용입니다.
④ ~~아침과 저녁 식사를~~ 할 수 있습니다.
→ 아침 식사만 할 수 있습니다.
"개인 화장실 (a private bathroom)" means that the bathroom is not shared. Thus, the correct answer is ②.
① My school and homestay are ~~far apart~~.
→ My school is near my homestay.
③ The homestay lady is a good cook.
→ It is not mentioned.
④ I can eat ~~breakfast and dinner at the homestay~~.
→ I can only eat breakfast at the homestay.
• 개인 private

44 집 앞 공원에 갔다고 했으므로 답은 ③번입니다.
① ~~어제~~ 공원에 갔습니다.
→ 오늘 갔습니다.
② 7시쯤에 ~~공원에 갔습니다~~.
→ 7시쯤 집에 돌아왔습니다.
④ ~~자전거를 타고 공원에 갔습니다~~.
→ 공원에서 자전거를 탔습니다.
They went to the park in front of their house. Thus, the correct answer is ③.
① We went to the park ~~yesterday~~.
→ We went to the park today.
② We ~~went to the park~~ at around 7 p.m.
→ We came back home at around 7 p.m.
④ ~~We rode bicycles to go to the park~~.
→ We rode bicycles at the park.

45 영화표를 이번 주까지 준다고 했으므로 답은 ①번입니다.
② 기름을 넣는 사람에게 ~~상품권을~~ 줍니다.
→ 영화표를 줍니다.
③ 주유소에 ~~오는 사람에게~~ 영화표를 줍니다.
→ 기름을 넣는 사람에게 줍니다.
④ ~~한국대학교가 주유소 근처로~~ 이사했습니다.
→ 주유소가 한국대학교 앞으로 이사했습니다.
Since the narrator says that complimentary movie tickets will be given to customers who purchase gas this week, the correct answer is ①.
② Complimentary ~~gift certificates~~ will be given to customers who purchase gas.
→ Complimentary movie tickets will be given to customers who purchase gas.
③ Complimentary movie tickets will be given to ~~people who come~~ to the gas station.
→ Complimentary movie tickets will be given to customers who purchase gas.
④ ~~Hanguk University moved near to the gas station~~.
→ The gas station moved near to Hanguk University.

46 글쓴이는 여름휴가 때 일본에 가는데 여름이 빨리 오면 좋겠다고 생각하므로 일본에 빨리 가고 싶다는 것을 알 수 있습니다.
The narrator can't wait for summer to come; therefore, you know that they want to go to Japan as soon as possible.
• 야경 night view

47 글쓴이는 출근 때와 주말에도 자전거를 타고 자전거를 타면 기분이 좋다고 했으므로 자전거를 타는 것이 즐겁다는 것을 알 수 있습니다.
The narrator rides a bicycle to go to work and also rides a bicycle on the weekend. Riding a bicycle makes them feel good. You know the narrator enjoys riding a bicycle.

48 글쓴이는 친구가 노래를 잘해서 친구처럼 되고 싶다고 했으므로 노래를 잘하고 싶다는 것을 알 수 있습니다.
Judging from the narrator's statement that they want to be like their friend who sings well, you know that the narrator wants to sing well.

49 ㉠에는 글쓰기를 싫어하던 아이들이 좋아하게 된 시점이 나와야 합니다. '신문을 만든 후'부터 아이들의 태도가 바뀌었습니다.
You should infer at which time the children, who didn't like writing, started to enjoy it. Judging from the narrator's statement, the children started to like writing "신문을 만든 후부터 (since they started making the newspaper)."

50 아이들이 글쓰는 것을 즐거워한다고 했으므로 답은 ①번입니다.
② ~~한 달에 한 번~~ 가족 신문을 만듭니다.
→ 주말마다 만듭니다.
③ 아이들은 전에 글쓰기를 ~~못했습니다~~.
→ 글쓰기를 싫어했습니다.
④ ~~아이들이 글을 쓰고 아빠는 그림을 그립니다~~.
→ 함께 글을 쓰고 그림을 그립니다.
Judging from the narrator's statement, you know that the children enjoy writing. Thus, the correct answer is ①.

② We make a family newspaper ~~once a month~~.
→ We make a family newspaper every weekend.

③ The children ~~were bad~~ at writing before.
→ The children didn't like writing before.

④ ~~The children write articles and their dad draws pictures.~~
→ The children and their dad write articles and draw pictures together.

51 ㉠ 앞뒤의 영화와 만화책은 슬픈 생각을 잊어버리는 방법 중의 하나로 선택 관계입니다.
Movies and comic books, which are placed before and after ㉠, are some of the ways to forget about sad thoughts, so movies and comic books are some of the choices for forgetting sad thoughts.

"A/V-거나" is used to express a choice between that verb or adjective and the one that follows it.

Ex 주말에 자거나 TV를 봅니다. I either sleep or watch TV on the weekends.

52 일반적으로 글의 시작과 끝부분에서 글의 주제가 나타납니다. 이 글은 시작과 끝부분에서 많이 웃으면 행복해지고 행복이 찾아온다고 말하고 중간에는 웃으면 행복해지는 이유에 대해서 말합니다.
Generally the topic of a text comes at the beginning and the end of that text. At the beginning and end of this text, the narrator says laughing a lot makes people happy and eventually happiness comes to them. The narrator talks about the reason why laughter makes people happy in the middle of the passage.

• 관계 relationship

53 ㉠의 뒤 문장에서 글쓴이는 '그러나 저는 돈보다 맞는 일을 찾는 것이 중요하다'고 했습니다. '그러나' 앞에는 반대 내용이 나와야 하므로 ㉠에는 '월급을 많이 주는'이 들어가야 합니다. 그래서 답은 ④번입니다.
The narrator says, "However, finding a job that is suitable for me is more important than earning a lot of money." The content that comes before and after "그러나 (however)" has to be contradictory; therefore, "월급을 많이 주는 (which pay a lot)" should be placed in (㉠). Thus, the correct answer is ④.

54 일이 즐겁지 않으면 오래할 수 없다고 했으므로 답은 ③번입니다.

① ~~빨리 취직하고 싶습니다.~~
→ 시간이 오래 걸려도 된다고 했습니다.

② ~~지금 하는 일이 즐겁지 않습니다.~~
→ 취직 준비 중입니다.

④ ~~저와 맞고 돈을 많이 버는 일을 찾습니다.~~
→ 돈을 많이 버는 일을 찾는다는 내용은 없습니다.

The narrator says that they can't work for long if they aren't happy with their job. Thus, the correct answer is ③.

① I want to get a job ~~quickly~~.
→ It is okay to take longer to get a job.

② I'm not pleased with ~~what I'm doing now~~.
→ I'm looking for a job.

④ I'm looking for a job which not only is suitable for me but ~~also pays a lot~~.
→ It is not mentioned whether the narrator is looking for a job that pays a lot.

55 ㉠ 앞의 '모든 음식을 먹을 수 있다'는 '메뉴를 고민할 필요가 없다'에 대한 이유입니다. 이유와 결과를 연결하는 말인 '그래서'가 정답입니다.
"모든 음식을 먹을 수 있다 (people can have all kinds of food)" is the reason for "메뉴를 고민할 필요가 없다 (people don't need to bother looking at the menu)", so "그래서 (therefore)" should be used, as it is a conjunctive adverb used when the preceding content is the reason for the content that follows.

56 주말에 특별 메뉴가 나온다고 했으므로 답은 ③번입니다.

① 우리 회사는 ~~회식이 많지 않습니다.~~
→ 회식을 자주 합니다.

② ~~12,000원에 와인도 마실 수 있습니다.~~
→ 와인을 마시려면 3,000원을 추가해야 합니다.

④ 한식, 일식, 중식, 양식 ~~중 한 가지를~~ 먹을 수 있습니다.
→ 모든 음식을 먹을 수 있습니다.

The narrator says that there are special dishes on weekends. Thus, the correct answer is ③.

① At our company, we ~~don't often go to dinner after work~~.
→ At our company, we often go to dinner after work.

② ~~People can also have wine for 12,000 won.~~
→ People have to pay 3,000 won more to have wine.

④ People can have ~~one choice of~~ Korean, Japanese, Chinese, Western cuisine.
→ People can have all kinds of food.

57 선택지 모두 (나)로 시작합니다. (라)에서는 인터넷에서 구매하는 사람들이 증가하는 이유가 나옵니다. (다)에서는 인터넷 쇼핑의 단점을 이야기하고 있으며 (가)에서 그 해결책을 제시하고 있으므로 정답은 ②번입니다.
All the choices start with (나). In (라), the narrator explains the reason why people who purchase on the internet are increasing. In (다), the narrator talks about the disadvantage of online shopping. In (가), the narrator offers a solution. Thus, the correct answer is ②.

58 선택지 모두 (다)로 시작합니다. 담화 표지인 '그런데'와 '그래서'가 답을 찾는 중요한 부분입니다. (가)에서 우산을 가지고 나오고, (나)에서 우산을 지하철에 놓고 나와서 (라) 학교를 가는 중에 비를 맞았다는 순서가 가장 자연스럽습니다. 그래서 답은 ①번입니다.
All the choices start with (다). Discourse markers such as "그런데 (however)" and "그래서 (therefore)" are the keys to finding the correct answer. It would be natural to arrange the sentences in such order that, in (가), the narrator brought their umbrella, but in (나), left it on the subway, and in (라), got wet going to school in the rain. Thus, the correct answer is ①.

59 신발을 오래 신고 있을 때의 문제점을 말하고 있으므로 그에 대한 해결책인 ②번 '실내에서는 신발을 벗고 공기가 통하게 하십시오.' 앞에 써야 합니다.

The narrator points out the problem that arises when you wear shoes too long, and it should be placed before its corresponding solution: "실내에서는 신발을 벗고 공기가 통하게 하십시오. (You should take off your shoes indoors so that they can air out.)" Therefore, the answer is ②.

60 발이 붓는 사람은 다리를 높은 곳에 놓고 자라고 조언하므로 답은 ④번입니다.

① 발에 ~~딱 맞는 크기의 신발~~을 골라야 합니다.
→ 조금 큰 사이즈가 좋습니다.

② 빨리 걷는 것보다 ~~천천히 걷는 것~~이 좋습니다.
→ 조금 빠른 걸음이 좋습니다.

③ 발이 피곤하면 ~~마사지 후 따뜻한 물로 씻으십시오~~.
→ 따뜻한 물에 담근 후에 마사지합니다.

The narrator advises people who have swollen feet to put their feet in a higher position while sleeping. Thus, the correct answer is ④.

① You should choose ~~shoes that fit your feet~~ well.
→ You should choose shoes that are a little bigger than your feet.

② It is better to ~~walk slowly~~ than walk faster.
→ It is good to walk a little faster.

③ When you have tired feet, you should ~~wash your them with warm water after a massage~~.
→ When you have tired feet, you should soak them in warm water and then massage them.

61 '그래서'는 앞의 내용이 뒤의 내용의 원인이나 근거, 조건이 될 때 쓰는 접속 부사입니다. (㉠)앞의 문장이 (㉠)뒤에 나오는 내용의 원인이 되므로, 정답은 ①번입니다.

"그래서 (therefore)" is a conjunctive adverb that is used when the preceding sentence becomes a cause, basis, or condition for the sentence that follows. In this case, the sentence that is placed before (㉠) becomes the reason for what comes after (㉠). Thus, the correct answer is ①.

62 버스 이용 시간은 오전 9시부터라고 했으므로 답은 ③번입니다.

① ~~월요일부터~~ 토요일까지 운행합니다.
→ 월요일은 운행하지 않습니다.

② 매년 700만 명이 ~~버스를 이용합니다~~.
→ 매년 700만 명이 서울을 방문합니다.

④ ~~버스 기사님이~~ 관광지를 안내해 줍니다.
→ 기계가 안내합니다.

The narrator says that the bus starts operating at 9 a.m. Thus, the correct answer is ③.

① The Seoul City Tour Bus runs ~~from Monday~~ to Saturday.
→ The Seoul City Tour Bus doesn't run on Mondays.

② Seven million people ~~use the Seoul City Tour Bus~~ every year.
→ Seven million people visit Seoul every year.

④ The ~~bus driver~~ gives information on the tourist attractions.
→ A machine gives information on the tourist attractions.

• 방문하다 to visit
• 운행하다 to run, to operate

63 행사 시간, 장소, 준비물 등의 행사 정보를 알려 주고 있습니다.

The narrator informs students of the location, time, preparation materials, etc. of the event.

64 행사 시간이 10시부터 1시까지 3시간인데 12시부터 1시까지 1시간은 점심시간이라 쉬므로 답은 ①번입니다.

② 학생 식당에서 김밥과 물을 ~~팝니다~~.
→ 받아 가라고 했으므로 파는 것이 아닙니다.

③ 이번 주 토요일까지 ~~신청하면 됩니다~~.
→ 신청한 사람에게 안내하는 내용입니다.

④ 1층에서 ~~사진을 찍고 김치 만들기를 시작합니다~~.
→ 행사가 끝난 후에 찍습니다.

Based on the narrator's statement, the event lasts for 3 hours from 10 a.m. to 1 p.m. but the lunch break is from 12 p.m. to 1 p.m. Thus, the correct answer is ①.

② They ~~sell~~ *gimbap* and water at the student cafeteria.
→ The narrator asked students to take gimbap and water, so it is not for sale.

③ Students should ~~apply for the event~~ by this Saturday.
→ This information is for students who have already applied for the event.

④ Students will ~~take a picture on the 1st floor and then start to make kimchi~~.
→ Students will take a picture after the event.

• 신청(하다) application / to apply

65 은행에서 종류가 다른 돈으로 바꾸는 것은 환전입니다.

"환전" is the exchange of one currency for another at a bank.

• 환율 exchange rate

66 여행지의 문화와 역사를 공부해 가면 더 많은 것을 경험할 수 있다고 했으므로 답은 ④번입니다.

① ~~여행지에서 날씨에 맞는 옷을 삽니다~~.
→ 없는 내용입니다.

② ~~책의 내용과 여행지에서의 경험은 다릅니다~~.
→ 여행지의 문화와 역사책을 읽고 가면 도움이 됩니다.

③ ~~집 근처 은행은 공항보다 환전 방법이 간단합니다~~.
→ 없는 내용입니다.

The narrator says that you can experience more if you study the culture and history of the travel destination. Thus, the correct answer is ④.

① ~~Buy clothes at your travel destination based on the weather~~.
→ This is not mentioned.

② ~~The content of the book is different from the actual experience at the travel destination~~.
→ It will be helpful if you read a book about the culture and history of your travel destination before the trip.

③ It is ~~easier to exchange money at the foreign exchange bank close to your place than the one at the airport~~.
→ This is not mentioned.

67 'V-(으)면서'는 행위가 동시에 일어나는 것을 나타냅니다. 문을 열 때 문을 당기는 것과 한 발 뒤로 가는 것은 동시에 일어납니다.
"V-(으)면서" expresses simultaneous movements. The movements of pulling the door and taking a step back when opening the door happen simultaneously.

68 아파트는 문을 열 때 손님이 한 발 뒤로 가야 한다고 했으므로 답은 ④번입니다.
① 한옥은 문이 ~~밖으로~~ 열립니다. → 안으로
② 한옥은 ~~손님이~~ 문을 당겨서 엽니다. → 주인이
③ 아파트는 ~~들어가기 쉽게~~ 만들어졌습니다.
→ 나가기 쉽게
The narrator says that a guest has to take a step back to open an apartment door. Thus, the correct answer is ④.
① *Hanok* doors open ~~outward~~. → Hanok doors open inward.
② In the case of hanok, ~~a guest~~ pulls the door to open it.
→ In the case of hanok, a resident pulls the door to open it.
③ Apartments ~~are designed to be entered easily~~.
→ Apartments are designed to be left easily.
• 한옥 hanok

69 사기 전에 '산 후의 상태'를 걱정한 것이므로 추측을 나타내는 'A/V-(으)ㄹ 것 같다' 가 들어가야 합니다.
Since the narrator was worried about the state after purchase, "A/V-(으)ㄹ 것 같다," which expresses a vague supposition for the future, should be used.

70 부모님이 생각보다 (스마트폰을) 잘 사용하셔서 다행이라고 했으므로 답은 ②번입니다.
① 부모님 댁에 ~~자주 찾아뵙습니다~~.
→ 찾아뵙기 힘듭니다.
③ 스마트폰의 ~~사진을~~ 보면서 부모님과 통화합니다.
→ 얼굴을 보면서
④ 부모님이 스마트폰을 ~~잘 사용하지 못해서~~ 걱정했습니다.
→ 사용하지 못할 것 같아서
The narrator says that they are relieved because their parents use (smartphones) better than they thought they would. Thus, the correct answer is ②.
① I ~~often visit~~ my parents.
→ It is hard to visit my parents.
③ I talk to my parents on the phone ~~while looking at pictures~~ on my smartphone.
→ I talk to my parents on the phone while looking at my parents.
④ I was worried because my parents ~~couldn't use~~ smartphones ~~well~~.
→ I was worried because I didn't think my parents would be able to use smartphones well.

* "다행이다" means that it is lucky that things have turned out well.

Ex 사고가 났지만 다치지 않아서 다행이다. It is lucky that no one got hurt in the accident.

• 그립다 to miss, to long for

Part 3 실전 모의고사 2회 Mock Test 2

정답 Answers

듣기 ▸ P. 102~109

1. ①	2. ③	3. ④	4. ④	5. ③	6. ①	7. ②	8. ①	9. ③	10. ④
11. ①	12. ④	13. ③	14. ②	15. ①	16. ③	17. ②	18. ④	19. ③	20. ①
21. ③	22. ④	23. ④	24. ②	25. ④	26. ③	27. ④	28. ②	29. ①	30. ④

읽기 ▸ P. 110~123

31. ①	32. ②	33. ③	34. ②	35. ④	36. ②	37. ③	38. ④	39. ②	40. ④
41. ④	42. ③	43. ②	44. ③	45. ④	46. ③	47. ①	48. ④	49. ④	50. ③
51. ②	52. ②	53. ④	54. ①	55. ③	56. ②	57. ①	58. ②	59. ④	60. ②
61. ③	62. ①	63. ③	64. ②	65. ①	66. ④	67. ①	68. ③	69. ③	70. ④

듣기 대본 Listening Script

아래 1번부터 30번까지는 듣기 문제입니다. 문제를 잘 듣고 질문에 맞는 답을 고르십시오. 두 번씩 읽겠습니다.

Questions 1 to 30 are listening questions. Listen to each question carefully and choose the best answer. Each question will be read twice.

[1~4] 다음을 듣고 〈보기〉와 같이 물음에 맞는 대답을 고르십시오. ▸ P. 102

보기

가 공책이에요?

나 ______________

❶ 네, 공책이에요. ② 네, 공책이 없어요.
③ 아니요, 공책이 싸요. ④ 아니요, 공책이 커요.

1 남자 아이가 있어요?

2 여자 운동을 잘해요?

3 남자 누구하고 영화를 보셨어요?

4 여자 콘서트 공연이 어땠어요?

[1~4] Listen to the following and choose the correct answer as in the example.

Ex.

A Is it a notebook?

B ______________

❶ Yes, it is a notebook.
② Yes, I don't have any notebook.
③ No, the notebook is inexpensive.
④ No, the notebook is big.

1 M Do you have children?

2 W Are you athletic?

3 M Whom did you watch the movie with?

4 W How was the concert?

[5~6] 다음을 듣고 〈보기〉와 같이 이어지는 말을 고르십시오. ▸ P. 103

보기

가 안녕히 계세요.

나 ______________

① 들어오세요. ② 어서 오세요.
③ 안녕히 계세요. ❹ 안녕히 가세요.

5 남자 회의가 끝났습니다. 수고하셨습니다.

6 여자 재만 씨, 오늘 제 생일이에요.

[5~6] Listen to the following and choose what comes next as in the example.

Ex.

A Good bye.

B ______________

① Please come in. ② Welcome.
③ Goodbye. (to someone staying) ❹ Good bye. (to someone leaving)

5 M The meeting is over. Thank you.

6 W Jaeman, today is my birthday.

[7~10] 여기는 어디입니까? 〈보기〉와 같이 알맞은 것을 고르십시오. ▸ P. 103~104

보기

가 내일까지 숙제를 꼭 내세요.

나 네, 선생님.

① 빵집 ② 호텔
❸ 교실 ④ 병원

7 여자 11번 고객님, 뭘 도와드릴까요?

남자 미국에 가요. 20만 원을 달러로 바꿔 주세요.

8 여자 이 약을 언제 먹어요?

남자 하루 세 번, 식사 30분 후에 드세요.

[7~10] Where is the conversation taking place? Choose the correct answer as in the example.

Ex.

A You must turn in your homework by tomorrow.

B Yes, sir.

① bakery ② hotel
❸ classroom ④ hospital

7 W Customer number 11, how can I help you?

M I'm going to the U.S. Please exchange 200,000 won to US dollars.

8 W How often should I take these pills?

M Please take them three times a day, 30 minutes after meals.

9 남자 실례지만 명동에 가려면 몇 번 버스를 타야 해요?
여자 여기에서 421번 버스를 타세요. 파란색이에요.

10 여자 휴가 때 제주도에 3박 4일로 여행을 가고 싶어요.
남자 네. 호텔과 비행기 예약을 도와 드릴게요.

9 M Excuse me, what bus should I take to go to Myeongdong?
W You should take the number 421 bus from here. It's a blue bus.

10 W I'd like to travel to Jeju Island on vacation for 4 days and 3 nights.
M Sure, I'll help you with the hotel and flight reservations.

[11~14] 다음은 무엇에 대해 말하고 있습니까? 〈보기〉와 같이 알맞은 것을 고르십시오. ▶ P. 104

보기

가 이 아파트에 살아요?
나 네, 5층에 살아요.

❶ 집 ② 역
③ 주소 ④ 달력

11 남자 저는 요리사예요. 민지 씨는 무슨 일을 하세요?
여자 저는 의사예요. 병원에서 일해요.

12 여자 여름 방학이 언제부터예요?
남자 7월 10일부터 학교에 안 가요.

13 남자 밖에 눈이 와요?
여자 네, 눈이 많이 오고 바람도 불어요.

14 여자 네 명이니까 고기를 4인분 시킬까요?
남자 이 집은 냉면이 맛있는데 고기는 3인분만 시키고 냉면 두 그릇을 시킵시다.

[11~14] What are the following conversations about? Choose the correct answer as in the example.

Ex.

A Do you live in this apartment?
B Yes, I live on the 5th floor.

❶ house ② station
③ address ④ calendar

11 M I'm a chef. What do you do for a living, Minji?
W I'm a doctor. I work at the hospital.

12 W When does summer vacation start?
M I don't go to school from July 10.

13 M Is it snowing outside?
W Yes, it's snowing a lot and it's windy, too.

14 W There are four of us, so should we order 4 portions of meat?
M The *naengmyeon* at this restaurant is delicious. Let's order 3 portions of meat and 2 bowls of naengmyeon.

[15~16] 다음을 듣고 듣고 가장 알맞은 그림을 고르십시오. ▶ P. 105

15 여자 이 의자는 어떠세요? 한번 앉아 보세요.
남자 앉으니까 편하고 좋네요. 무엇으로 만들었나요?

16 남자 날씨가 너무 더우니까 선풍기를 끄고 에어컨을 켜는 게 어때요?
여자 지금 에어컨이 고장 나서 켤 수 없어요.

[15~16] Listen to the following and choose the picture that matches best.

15 W How about this chair? Please have a seat.
M It's nice and comfortable. What is it made of?

16 M It's too hot. How about turning off the fan and turning on the air conditioner?
W The air conditioner is broken, so I can't turn it on.

[17~21] 다음을 듣고 〈보기〉와 같이 대화 내용과 같은 것을 고르십시오. ▶ P. 106~107

보기

가 요즘 한국어를 공부해요?
나 네. 한국 친구한테서 한국어를 배워요.

① 남자는 학생입니다.
② 여자는 학교에 다닙니다.
③ 남자는 한국어를 가르칩니다.
❹ 여자는 한국어를 공부합니다.

[17~21] Listen to the following and choose the statement that matches the conversation as in the example.

Ex.

A Have you studied Korean recently?
B Yes, I learn Korean from my Korean friend.

① The man is a student.
② The woman goes to school.
③ The man is teaching Korean.
❹ The woman is studying Korean.

17 남자 아주머니 떡볶이 1인분 주문할게요.
여자 손님, 여기에서 드시고 가세요?
남자 아니요, 가지고 갈 거니까 포장해 주세요.

18 남자 다음 달부터 수영장을 이용하려고 하는데 한 달에 얼마예요?
여자 매일 이용하시면 8만 원이고 일주일에 3일 이용하시면 5만 원이에요.
남자 사람이 적은 시간이 언제예요?
여자 주말보다 평일이 적어요. 아침과 저녁 시간에 사람이 많으니까 낮에 오시는 게 좋고요.

19 여자 어떤 책을 찾고 계세요?
남자 미국 친구에게 선물할 한국어 책을 고르고 있어요. 어떤 책이 좋을까요?
여자 이 책이 제일 많이 팔려요. 영어 설명이 있고, 다양한 듣기 자료용 MP3 파일도 있거든요.
남자 그렇군요. 혼자 공부하기 쉽겠네요. 이걸로 주세요.

20 여자 실례합니다. 혹시 가구 코너가 어디에 있는지 아세요?
남자 죄송하지만 이 층에는 신발 코너만 있어서 잘 모르겠어요. 1층 정문 앞에 안내 데스크가 있으니까 가서 한번 물어보세요.
여자 아, 네. 감사합니다. 엘리베이터는 어느 쪽에 있나요?
남자 직진하셔서 오른쪽으로 돌면 화장실 옆에 있어요. 즐거운 쇼핑하세요, 고객님.

21 남자 여보세요, 오늘 7시 공연을 예매했는데 갈 수 없게 됐어요. 환불이 돼요?
여자 네, 그런데 공연 시작 2시간 전까지 공연장에 직접 오셔서 취소하셔야 해요.
남자 알겠습니다. 종로에서 버스로 가는 방법 좀 알려 주시겠어요?
여자 420번 버스를 타시고 장충동 정류장에서 내리시면 공연장이 바로 앞에 있어요.

17 M Ma'am, one portion of *tteokbokki*, please.
W Are you having it here?
M No, I'll take it with me. Pack it to go, please.

18 M I'd like to use the swimming pool from next month. How much is it per month?
W It's 80,000 won for daily use or 50,000 won for three days a week.
M When are there fewer people at the pool?
W Weekdays are less crowded than weekends. Since there are a lot of people in the morning and evening, it would be better to come in the afternoon.

19 W What kind of book are you looking for?
M I'm looking for a textbook for learning Korean as a present for my American friend. What do you recommend?
W This book is our best seller. It has English explanations and MP3 files with various listening materials.
M I see. It should make it easy to study alone. I'll take this, please.

20 W Excuse me, do you happen to know where the furniture section is?
M I'm sorry but I'm not sure because only the shoe section is on this floor. Please ask the information desk. It's in front of the front gate on the 1st floor.
W Oh, I see. Thank you. Where is the elevator?
M Go straight and turn right. It's next to the restroom. Enjoy your shopping, ma'am.

21 M Hello, I booked a ticket for the performance at 7 p.m. tonight, but I won't be able to go. Can I get a refund?
W Yes, but you have to come to the concert hall by 2 hours before the performance begins and cancel the ticket in person.
M I see. Would you tell me how to go there by bus from Jongno?
W If you take bus 420 and get off at Jangchungdong Station, the concert hall is right in front.

[22~24] 다음을 듣고 여자의 중심 생각을 고르십시오. ▸ P. 107~108

22 남자 현주 씨, 목소리가 안 좋네요. 감기에 걸렸어요?
여자 네, 지난주에 걸렸는데 주말에 푹 쉬면 괜찮아질 거예요.
남자 아니에요. 가벼운 감기라도 더 심해지기 전에 병원에 가보는 게 좋아요.
여자 걱정해 줘서 고마운데 감기는 피곤할 때 생기는 병이니까 쉬면 돼요.

23 여자 오늘부터 점심에 식당에 가지 않고 집에서 준비해 온 도시락을 먹으려고요.
남자 대단해요. 준비하는 데 시간이 많이 걸렸을 텐데 귀찮지 않아요?
여자 일찍 일어나는 게 좀 힘들기는 하지만 식사비도 덜 들고 건강에도 좋으니까 괜찮아요.
남자 저는 늦게 일어나는 편이라서 아침에 좀 더 자고 식당에서 먹는 게 낫겠어요.

[22~24] Listen to the following and identify the woman's main idea.

22 M Hyunju, you don't sound good. Are you coming down with a cold?
W Yes, I caught a cold last week but I'll be better if I get some good rest on the weekend.
M No. Even though it's a slight cold, you'd better go to the hospital before it gets worse.
W Thank you for your concern, but a cold is a virus that people get when they are tired. I'll be okay if I rest well.

23 W Starting today, I'll bring my lunch from home instead of having lunch at a restaurant.
M That's amazing. It must take a long time to prepare. Don't you find it bothersome?
W Waking up early is a little hard, but it's okay because a home-packed lunch not only costs me less but is also good for my health.
M I usually wake up late, so I'd rather sleep more in the morning and eat at a restaurant.

24 남자 회사 이메일을 보셨어요? 회사에서 우산을 빌려주는 서비스를 시작한대요.

여자 갑자기 비가 올 때마다 우산을 사야 했는데 잘됐네요.

남자 그런데 우산을 잃어버리면 만 원을 내야 한대요. 저처럼 우산을 자주 잃어버리는 사람은 빌리면 안 돼요.

여자 잃어버리지 않게 조심하면 되지요. 앞으로는 비가 와도 걱정할 필요가 없겠어요.

24 M Have you read the company email? The company is starting an umbrella-sharing service.

W That's good news. Whenever it rained suddenly, I had to buy an umbrella.

M However, you have to pay 10,000 won if you lose the umbrella. People who often lose umbrellas like me shouldn't borrow one.

W Just be careful not to lose it. From now on, I don't have to worry even if it rains.

[25~26] 다음을 듣고 물음에 답하십시오. ▶ P. 108

잠시 후 공연이 시작됩니다. 모두 자리에 앉아 주시기 바랍니다. 먼저 저희 공연에 와 주셔서 감사합니다. 공연 전 몇 가지 사항을 말씀드리겠습니다. 공연 중에는 옆 사람과 이야기하지 마십시오. 앞 좌석을 발로 차거나 다리를 올려놓지 마십시오. 공연 후 배우들과 사진을 찍는 시간이 있습니다. 공연 중에는 사진이나 동영상을 찍지 마십시오. 휴대 전화는 지금 바로 끄거나 진동으로 바꿔 주시기 바랍니다. 즐거운 관람 되시기 바랍니다.

[25~26] Listen to the following and answer the questions.

The performance will begin shortly. Would everyone please take a seat? First of all, thank you for coming to our performance. Here are some things to keep in mind before the performance. Please do not talk to the person next to you during the performance. Please do not kick the seat in front of you or put your legs on it. There will be time for photos with actors and actresses after the performance. Therefore, please do not take pictures or videos during the performance. Please turn off your cell phones right now or put them on silent mode. We hope you enjoy our performance.

[27~28] 다음을 듣고 물음에 답하십시오. ▶ P. 108~109

남자 뭘 그렇게 보고 있어요?

여자 비행기 안에 가지고 탈 가방이 필요해서 인터넷에서 찾아보고 있어요.

남자 직접 보고 사는 게 낫지 않아요? 받았는데 광고와 달라서 실망하면 어떻게 해요?

여자 반품하면 되지요. 구매일부터 7일까지 반품할 수 있고 배달한 분이 직접 와서 가져가요.

남자 생각보다 간편하네요. 그럼 이 까만색 가방이 어때요? 바퀴가 4개라서 끌기 쉬워 보여요.

여자 까만색이라서 쉽게 더러워지지도 않겠네요. 이걸로 해야겠어요.

[27~28] Listen to the following and answer the questions.

M What are you staring at so intently?

W I'm searching for carry-on luggage on the internet.

M Wouldn't it be better to see it for yourself and then buy it? What if you're disappointed because it's different from the advertisement?

W It's possible to be returned. I can return it within 7 days after purchase, and the person who delivered it will pick it up.

M That's simpler than I thought. Then how about this black luggage? It looks easy to pull because it has 4 wheels.

W It's black, so it won't get dirty easily, either. I'll get this.

[29~30] 다음을 듣고 물음에 답하십시오. ▶ P. 109

여자 안녕하세요. 어제 노트북을 수리했는데, 하루 만에 또 고장 나서 왔어요.

남자 아 그래요? 혹시 노트북을 껐다가 켜 보셨어요?

여자 이미 여러 번 해 봤는데 안 돼요. 오전에는 잘 사용했는데, 지금은 화면도 안 나와요. 어제 고친 건데 너무 자주 고장 나는 거 아니에요?

남자 정말 죄송합니다. 어떤 문제가 있는지 바로 확인해 보겠습니다.

여자 2시간 후에 회의가 있는데, 중요한 자료가 노트북 안에 있어서 급하니까 빨리 수리해 주세요.

남자 네, 한 시간이면 충분히 수리할 수 있으니까 조금만 기다려 주세요.

[29~30] Listen to the following and answer the questions.

W Hello. I'm here because I had my laptop fixed yesterday, but it's broken again just a day later.

M Oh, is that so? Have you tried turning it off and on again?

W I tried several times, but it didn't work. I was using it fine this morning, but now the screen won't turn on. It was just fixed yesterday; don't you think it's breaking too often?

M I'm so sorry. I'll check to see what the problem is right away.

W It's urgent because I have a meeting in 2 hours and there's some important data on my laptop, so please fix it quickly.

M Sure, an hour is enough time to fix it, so please wait for a little while.

읽기 지문 번역 Reading Script Translation

[31~33] 무엇에 대한 내용입니까? 〈보기〉와 같이 알맞은 것을 고르십시오.
▸ P. 110

보기

아버지는 의사입니다. 어머니는 은행원입니다.

① 주말 ❷ 부모 ③ 병원 ④ 오빠

31 공책은 천 원입니다. 연필은 오백 원입니다.
32 친구는 커피를 마십니다. 저는 녹차를 마십니다.
33 아침에 산에 올라갔습니다. 산이 높아서 시간이 오래 걸렸습니다.

[31~33] What are the following texts about? Choose the correct answer as in the example.

Ex.

My father is a doctor. My mother is a bank teller.

① weekend ❷ parents ③ hospital ④ older brother

31 A notebook is 1,000 won. A pencil is 500 won.
32 My friend drinks coffee. I drink green tea.
33 I went up a mountain this morning. It took a long time because the mountain was tall.

[34~39] 〈보기〉와 같이 ( )에 들어갈 말로 가장 알맞은 것을 고르십시오.
▸ P. 110~111

보기

저는 ( )에 갔습니다. 책을 샀습니다.

① 극장 ❷ 서점 ③ 공원 ④ 세탁소

34 저는 남자 친구( ) 생일 선물을 줄 겁니다.
35 공부할 때 모르는 단어가 있으면 ( )을 찾습니다.
36 방이 너무 습하고 덥습니다. 그래서 에어컨을 ( ).
37 공항에 ( ) 가야 합니다. 그런데 길이 막힙니다.
38 엄마가 혼자 청소를 하십니다. 엄마를 ( ).
39 2호선을 탔습니다. 다음 역에서 3호선으로 ( ).

[34~39] Choose the most appropriate word for the blank as in the example.

Ex.

I went to ( ). I bought a book.

① a theater ❷ a bookstore ③ a park ④ a dry cleaner's

34 I will give a birthday gift ( ) my boyfriend.
35 When there are words that I don't know while studying, I look them up in the ( ).
36 The room is too humid and hot, so I ( ) the air conditioner.
37 I have to go to the airport ( ), but there is a lot of traffic.
38 Mom is cleaning the house by herself. I ( ) Mom.
39 I got on subway line no. 2. I ( ) to line no. 3 at the next station.

[40~42] 다음을 읽고 맞지 않는 것을 고르십시오. ▸ P. 112~113

40

〈한국 피자〉

- 배달 아르바이트 구함
- 근무 시간: 평일 12~20시
  주말 12~23시
- 급여: 시간당 9,200원
- 20세 이상 / 오토바이 운전면허증 필요

[40~42] Read the following and choose the statement that doesn't agree.

40

Hanguk Pizza

- Part-time delivery person wanted
- Working hours: Weekdays 12~20 o'clock
  Weekends 12~23 o'clock
- Salary: 9,200 won per hour
- Minimum Age: 20 years old / A motorcycle driver's license is required.

41

♣ 박물관 관람 안내 ♣

▶ 3월~9월: 09:00~18:00
▶ 10월~2월: 09:00~17:00
▶ 휴관일: 매주 월요일, 매년 1월 1일
▶ 입장료: 어른 5,000원 학생 2,000원 7세 이하 무료

41

♣ Museum Visitor Guide ♣

▶ Mar.-Sep.: 09:00-18:00
▶ Oct.-Feb.: 09:00-17:00
▶ Closed: Every Monday, Jan. 1 each year
▶ Entrance Fee: Adults 5,000 won, Students 2,000 won, Under 7 free of charge

42

영 수 증

슈퍼마트 종로점 2022년 1월 12일

품명	단가(원)	수량	금액(원)
오이	1,000	5	5,000
맥주	2,500	1	2,500
감자	800	6	4,800
		합계	12,300
		받은 돈 (현금)	13,000
		거스름돈	700

42

Receipt

Supermart Jongno Branch Jan. 12, 2022

Item	Unit Price (won)	Quantity	Price (won)
Cucumber	1,000	5	5,000
Beer	2,500	1	2,500
Potato	800	6	4,800
		Total	12,300
		Money Received (cash)	13,000
		Change	700

[43~45] **다음을 읽고 내용이 같은 것을 고르십시오.** ▶ P. 113~114

43 아침에 버스를 탔습니다. 그런데 지갑을 놓고 내렸습니다. 버스 회사에 지갑을 찾으러 갔지만 지갑이 없었습니다.

44 낮에는 택시가 빠릅니다. 하지만 아침에는 길이 막혀서 느립니다. 그래서 저는 보통 지하철을 타고 회사에 갑니다.

45 휴일에 병원에 갔는데 사람이 많아서 오래 기다렸습니다. 평일에는 사람이 적어서 기다리지 않습니다. 다음에는 평일에 갈 겁니다.

[43~45] **Read the following and choose the statement that matches.**

43 I took a bus this morning. However, I left my wallet on the bus when I got off. I went to the bus company to find my wallet, but it wasn't there.

44 A taxi is fast during the daytime. However, it is slow in the morning due to traffic jams. Therefore, I usually go to work by subway.

45 I went to the hospital on a holiday and had to wait for a long time because there were many people. I don't have to wait on weekdays because there are fewer people. I will go to the hospital on a weekday next time.

[46~48] **다음을 읽고 중심 내용을 고르십시오.** ▶ P. 114~115

46 제 컴퓨터는 오래됐습니다. 그래서 새 컴퓨터가 필요합니다. 주말에 남자 친구와 전자 상가에 갈 겁니다.

47 저는 미국 사람이고 영어 선생님입니다. 한국어를 배우고 싶습니다. 저한테 한국어를 가르쳐 주실 분은 전화 주십시오.

48 저는 스트레스를 받으면 사탕이나 초콜릿을 찾습니다. 사탕과 초콜릿은 달아서 먹으면 기분이 좋아지고, 기분이 좋아지면 스트레스가 풀리기 때문입니다.

[46~48] **Read the following and choose the main content.**

46 My computer is old. Therefore, I need a new computer. I will go to an electronics shopping mall with my boyfriend this weekend.

47 I'm American and an English teacher. I'd like to learn Korean. Please call me if you are willing to teach me Korean.

48 I look for candy or chocolate whenever I get stressed out. I feel better when I eat candy or chocolate because they are sweet. My stress gets released when I feel better.

[49~50] 다음을 읽고 물음에 답하십시오. ▶ P. 115~116

운전 중에 전화가 오면 어떻게 하십니까? 운전하면서 그냥 전화를 받는 사람도 있을 것입니다. 그러나 이런 경우도 술을 마시고 운전하거나 졸릴 때 운전하는 것과 같이 사고의 위험이 높습니다. 이럴 때는 여러분의 (㉠) 차를 길옆에 세우고 전화를 받으십시오.

[49~50] Read the following and answer the questions.

What do you do if you get a call while driving? There might be people who answer the phone while driving, but as with drunk driving or drowsy driving, there is a high chance of an accident. If you need to answer the phone while driving, you should pull the car over and answer the phone (㉠).

[51~52] 다음을 읽고 물음에 답하십시오. ▶ P. 116

사람의 몸은 70%가 물이기 때문에 물은 우리에게 중요합니다. 물을 잘 알고 마시면 건강해질 수 있습니다. 아침에 일어나자마자 물을 한 잔 드십시오. 차가운 물보다는 따뜻한 물이 좋고 조금씩 나눠서 천천히 마시는 것이 좋습니다. 우리 모두 물을 마시고 젊고 (㉠) 삽시다.

[51~52] Read the following and answer the questions.

Our body is composed of 70% water, so water is important to us. We can get healthier if we know a lot about water and drink it wisely. Please drink a glass of water as soon as you wake up. Warm water is better than cold water, and it is best to drink slowly little by little. Let's drink water and live young and (㉠).

[53~54] 다음을 읽고 물음에 답하십시오. ▶ P. 117

한국에 유학 온 지 10년이 되었습니다. 한국은 저에게 고향 같은 곳입니다. 옛날에는 한국말을 잘 못해서 물건도 못 샀는데 지금은 가격도 잘 깎고 김치도 혼자서 담가 먹습니다. 제가 자주 가는 반찬 가게 아주머니는 저를 딸이라고 부르면서 반찬을 더 주십니다. 곧 졸업하고 고향에 돌아가야 하는데 고향에 가면 한국이 많이 (㉠).

[53~54] Read the following and answer the questions.

I've been studying in Korea for 10 years. Korea is like my hometown. In the past, I couldn't speak Korean well, so I couldn't buy things. But now, I can cut prices and make kimchi by myself as well. A lady at the *banchan* (side dish) store that I often go to calls me "daughter" and gives me extra banchan. I will graduate from school and have to go back to my hometown soon. I will (㉠) Korea a lot when I go back.

[55~56] 다음을 읽고 물음에 답하십시오. ▶ P. 117~118

'부탁해요'라는 분홍색 오토바이를 본 적이 있으신가요? '부탁해요'는 음식이나 꽃, 물건, 서류 등을 손님이 원하는 곳으로 배달하는 서비스입니다. 이동 거리와 서비스의 종류에 따라서 요금을 계산합니다. (㉠) 서비스 전에 돈을 받습니다. 집에서 유명 식당의 음식을 편하게 먹고 싶거나 물건을 빨리 받아야 할 때 이용해 보십시오.

[55~56] Reading the following and answer the questions.

Have you ever seen a pink motorcycle called "Butakhaeyo" before? "Butakhaeyo" is a delivery service that delivers food, flowers, goods, documents, etc. wherever customers want. It charges customers based on delivery distances and service types. (㉠) it is a prepaid service. You can use the service if you want to enjoy food from famous restaurants comfortably at home or get things quickly.

[57~58] 다음을 순서에 맞게 배열한 것을 고르십시오. ▶ P. 118

57 (가) 더운 여름에는 에어컨을 오래 사용합니다.
(나) 에어컨 온도를 27도로 하는 게 좋습니다.
(다) 하지만 에어컨을 오래 켜는 것은 몸에 좋지 않습니다.
(라) 그리고 방의 온도가 너무 낮으면 감기에 걸릴 수 있으니까

58 (가) 다음에는 제일 뒷자리에 앉을 겁니다.
(나) 퇴근 후에 동료와 영화를 보러 갔습니다.
(다) 영화를 보는데 뒷사람이 의자를 여러 번 찼습니다.
(라) 불편해서 뒷사람에게 이야기를 했지만 듣지 않았습니다.

[57~58] Choose the correct order of the statements from among the following.

57 (가) One uses an air conditioner for a long time in the hot summer.
(나) It is good to set the temperature of the air conditioner to 27 degrees.
(다) However, using an air conditioner for a long time is not good for one's health.
(라) In addition, since one can catch a cold if the room temperature is too low,

58 (가) I will sit in the very back row next time.
(나) My colleague and I went to a movie after work.
(다) The person who was sitting behind me hit my chair several times while I was watching the movie.
(라) I felt uncomfortable, so I spoke to the person behind me, but they didn't listen.

[59~60] **다음을 읽고 물음에 답하십시오.** ▶ P. 119

'낮잠 카페'에서는 차도 마시고 잠도 잘 수 있습니다. (㉠) 차를 시키면 한 시간 동안 잘 수 있고 추가 요금을 내면 더 있을 수 있습니다. (㉡) 침대처럼 넓은 소파와 편한 분위기 때문에 (㉢) 낮잠 카페에는 혼자 오는 사람도 많습니다. (㉣) 그래서 이 시간에 이용하려면 예약을 해야 합니다.

[59~60] **Read the following and answer the questions.**

You can drink tea and take a nap at a "nap cafe." (㉠) You can sleep for an hour if you order tea and you can stay longer if you pay an extra charge. (㉡) Because of big sofas like beds and a comfortable atmosphere, (㉢) There are many people who come to nap cafes alone. (㉣) Therefore, you have to make a reservation to use the cafe at this hour.

[61~62] **다음을 읽고 물음에 답하십시오.** ▶ P. 120

어제 처음으로 동료들과 야구장에 갔습니다. 처음엔 게임 규칙을 (㉠) 지루했는데 동료가 옆에서 설명해 줘서 2회부터는 재미있게 봤습니다. 열심히 응원해서 목이 아팠지만 우리가 응원한 팀이 이겨서 기뻤습니다. 팀에서 제일 유명한 선수의 이름이 있는 티셔츠도 샀습니다.

[61~62] **Read the following and answer the questions.**

I went to a baseball stadium with my colleagues for the first time yesterday. It was boring at first because I (㉠) the rules, but it became interesting from the second inning because my colleague sitting next to me explained the rules. My throat hurt from cheering, but I was glad that the team that we cheered for won. I bought a T-shirt with the name of the most famous player of the team on it, too.

[63~64] **다음을 읽고 물음에 답하십시오.** ▶ P. 121

주민 여러분, 주민 센터에서 '가을 바자회'를 할 계획입니다. 10월 5일까지 읽지 않는 책이나 입지 않는 옷, 사용하지 않는 물건들을 주민 센터로 가지고 오시면 모인 물건을 깨끗하게 정리해서 10일부터 12일까지 3일간 판매합니다. 판매한 돈으로 주민 도서관의 새 책을 사려고 합니다. 많은 관심 부탁드립니다.

[63~64] **Read the following and answer the questions.**

Attention, all residents. We are holding a fall bazaar at the community service center. Please bring books that you don't read, clothes that you don't wear, and things that you don't use to the community service center by Oct. 5. We will arrange them neatly and sell them for 3 days, from Oct. 10 to Oct. 12. All profits from the bazaar will be used to purchase new books for the community library. Please show your support.

[65~66] **다음을 읽고 물음에 답하십시오.** ▶ P. 121~122

요즘 박물관들이 '박물관은 (㉠)'라는 사람들의 생각을 바꾸려고 노력하고 있습니다. 북촌 전통 박물관은 옛날 사람들의 방법으로 떡 만들기, 한복 입어 보기 등의 활동을 만들어서 아이부터 어른까지 즐길 수 있게 하고 있습니다. 입장료는 무료지만 방문 (입장) 하루 전까지 인터넷으로 신청을 받습니다.

[65~66] **Read the following and answer the questions.**

Recently, museums are making an effort to change people's thinking that "museums are (㉠)." Bukchon Traditional Museum made programs to experience "making rice cakes," "trying on *hanbok*," etc. how our ancestors did so that everyone from children to adults can enjoy the museum experience. Admission is free, but you have to apply online by the day before you visit.

[67~68] **다음을 읽고 물음에 답하십시오.** ▶ P. 122

한국에서는 식사할 때 그릇을 들고 먹거나 씹을 때 소리가 나면 안 됩니다. 젓가락은 반찬을 숟가락은 밥과 국물을 먹을 때 사용합니다. 어른이 물이나 술을 주실 때는 잔을 두 손으로 받고 나이가 적은 사람은 (㉠)보다 먼저 식사를 시작하면 안 됩니다. 밥을 다 먹어도 어른의 식사가 끝날 때까지 기다려야 합니다.

[67~68] **Read the following and answer the questions.**

In Korea, you shouldn't hold your rice bowl when eating or make noise when chewing during meals. Chopsticks are used when you eat side dishes and spoons are used when you eat rice and soup. You should hold your glasscup with both hands when an older person offers you water or alcohol. A younger person shouldn't start to eat before (㉠). A younger person should wait for an older person to finish their meal even if the younger person finished already.

[69~70] 다음을 읽고 물음에 답하십시오. ▸ P. 123

저는 매달 월급을 받아서 생활하는데 매달 월세를 내면 남는 돈이 많지 않아서 돈을 모으기가 어렵습니다. 매년 월급은 비슷한데 물건 가격은 오르니까 돈을 (㉠). 저는 혼자 살아서 전에는 음식을 만들면 다 먹지 못해서 버릴 때가 많았는데 요즘은 1인분으로 포장된 재료를 쓰니까 쓰레기도 덜 나오고 편리합니다. 앞으로 생활비를 아낄 수 있는 방법을 더 알아봐야겠습니다.

[69~70] Read the following and answer the questions.

I am a salary worker and make a living with my salary, and it is hard for me to save money because I don't have much money left after paying my rent every month. My salary is similar every year, whereas living costs go up. Therefore, I (㉠) money. I live alone, so I often threw away food that I cooked before, because it was hard to eat everything. However, I use food ingredients that are packed for one person nowadays, so there is less food waste and it is convenient as well. From now on, I will find more ways to reduce living costs.

해설 Questionnaire Explanation

듣기 ▸ P. 102~109

1 아이가 있으면 '네, 아이/딸/아들이 있어요.' 그렇지 않으면 '아이가 없어요.'로 대답해야 합니다.
If the answer is affirmative, you should answer with, "네, 아이/딸/아들이 있어요. (Yes, I have a child/daughter/son.)" If the answer is negative, you should answer with, "아이가 없어요. (No, I don't have any children.)"

2 잘하면 '네, 운동을 잘해요.' 그렇지 않으면 '아니요, 운동을 못 해요.'로 대답해야 합니다.
If the answer is affirmative, you should answer with, "네, 운동을 잘해요. (Yes, I'm good at sports.)" If the answer is negative, you should answer with, "아니요, 운동을 못 해요. (No, I'm not good at sports.)"

3 '누구'는 사람을 묻는 말입니다. 영화를 같이 본 사람을 묻고 있습니다. ④가 정답입니다. '보셨어요?'는 과거에 대한 질문인데 ③번 '볼 거예요'는 미래에 대한 의지이므로 답이 될 수 없습니다.
"누구 (who)" is a question word which is used when one asks about a person or people. The man is asking whom the woman watched the movie with. Thus, the correct answer is ④. "보셨어요? (Did you watch?)" is a question in the simple past tense, whereas ③ "볼 거예요. (I will watch.)" is in the volitional future. Thus, ③ can't be an answer.
• 부모님 parents

4 '공연이 어땠어요?'라고 물으면 공연에 대한 묘사나 본 느낌을 이야기해야 합니다. ④번 '재미있었어요.'가 정답입니다.
Since the woman asked the man how the concert was, the man should describe the concert or how he felt about it. Thus, the correct answer is ④.
• 콘서트 concert
• 공연 performance

5 회의가 끝난 후 상대방이 수고하셨다고 격려 인사를 하면 같이 수고하셨다고 인사해야 합니다.
If someone says an encouraging greeting of "수고하셨습니다. (Good work.)" after the meeting, you should also respond with, "수고하셨습니다. (You too.)"
• 끝나다 to end
• 부탁(하다) (to ask) a favor

6 생일, 결혼, 승진, 합격 등 축하할 일에 대해 들으면 '축하합니다.'라고 해야 합니다.
One should say "축하합니다. (Congratulations.)" in celebration of someone's birthday, marriage, promotion, exam success, etc.

7 한국 돈 '원'을 미국 돈 '달러'로 바꾸는 곳은 은행입니다.
A bank is a place that exchanges Korean won to U.S. dollars.
- 고객 customer

8 약을 먹는 방법을 묻고 답하는 곳으로 가장 적절한 곳은 약국입니다.
Judging from the woman asking about a daily drug dosage and the man's answer, the conversation is taking place at a pharmacy.
- 하루 one day
- 식사 meal

9 여자가 '여기에서 421번 버스를 타세요.'라고 말하고 있습니다. 버스를 타는 곳은 정류장입니다.
Judging from the woman saying, "여기에서 421번 버스를 타세요. (You should take the number 421 bus from here.)," you can infer that the conversation is taking place at a bus stop.

10 남자가 여자의 호텔과 비행기 예약을 도와주겠다고 하고 있으므로 이곳은 여행사입니다.
The man says that he will help the woman with hotel and flight reservations; therefore, you can infer that the conversation is taking place at a travel agency.

11 '무슨 일을 하세요?'는 직업을 묻는 말입니다. 요리사와 의사는 직업의 종류입니다.
"무슨 일을 하세요? (What do you do for living?)" is a question that is used when one asks about someone's occupation. "요리사 (chef)" and "의사 (doctor)" are types of occupations.

12 7월 10일은 날짜입니다. 방학 시작 날짜에 대해서 이야기하고 있습니다.
July 10 is a date. The man and woman are talking about the start date of summer vacation.
- 방학 vacation
- ~부터 ~까지 from … to …

Ex 3일부터 5일까지 휴가예요. I am taking a vacation from the 3rd of this month to the 5th of this month.

13 눈과 바람은 날씨에 대한 이야기입니다.
Judging from the fact that words such as "눈 (snow)" and "바람 (wind)" are used, the topic of the conversation is the weather.
- 바람이 불다 to be windy
- 온도 temperature

14 고기와 냉면은 메뉴이고 4인분, 2그릇은 음식의 양입니다. 메뉴와 양을 정해서 시키는 것은 주문입니다.
Meat and *naengmyeon* are menu items, and 4 portions and 2 bowls are amounts of food. "주문" is to decide what and how much to eat from the menu.
- 주문하다 = 시키다 to order

15 남자가 앉으니까 편하다고 했으므로 의자에 앉은 그림인 ①번이 정답입니다.
The man says that the chair is nice and comfortable. Thus, the correct answer is ①.

16 선풍기를 끄자고 했으므로 '선풍기가 켜져 있고' 에어컨은 고장 나서 바람이 나오지 않는 그림인 ③번이 정답입니다.
The man suggests turning off the fan; therefore, it means that the fan is turned on. Thus, the correct answer is ③.
- 고장 나다 to be broken

17 남자가 (떡볶이를) 가지고 갈 거라고 했으므로 답은 ②번입니다.
① 여자는 ~~손님~~입니다.
→ 여자는 떡볶이를 파는 사람입니다.
③ ~~여자~~는 떡볶이를 2인분 시켰습니다.
→ 남자가 시켰습니다.
④ 남자는 ~~식당에서 떡볶이를 먹습니다~~.
→ 떡볶이를 포장합니다.
The man said he would take the *tteokbokki* with him. Thus, the correct answer is ②.
① The woman is ~~a customer~~.
→ The woman is selling tteokbokki.
③ ~~The woman~~ ordered two portions of tteokbokki.
→ The man ordered two portions of tteokbokki.
④ The man will ~~eat the tteokbokki at the restaurant~~.
→ The man will take the tteokbokki with him.
- 드시고 가다 to eat here ("드시다" is the honorific form of "먹다 (to eat).")
- (포장해서) 가지고 가다 to take out (food that has been packaged to go)

18 사람이 적은 시간을 묻는 남자의 질문에 여자가 낮에 오는 게 좋다고 했으므로 답은 ④번입니다.
① 아침과 저녁에는 사람이 ~~적습니다~~.
→ 많습니다.
② 평일에는 주말보다 사람이 ~~많습니다~~.
→ 적습니다.
③ 남자는 ~~요즘~~ 수영을 배우고 있습니다.
→ 다음 달부터 이용하려고 합니다.
Judging from the fact that the man asks the woman when the swimming pool is less crowded and the woman replies that it will be better to come in the afternoon, the correct answer is ④.
① There are ~~fewer~~ people in the morning and evening.
→ There are a lot of people in the morning and evening.
② Weekdays are ~~more crowded~~ than weekends.
→ Weekdays are less crowded than weekends.
③ The man is learning how to swim ~~these days~~.
→ The man plans to use the swimming pool from next month.
- 이용(하다) usage / to use
- 평일 weekday

19 친구에게 선물할 책을 고르고 있다고 했으므로 답은 ③번입니다.

① 여자는 ~~도서관에서~~ 일합니다.
→ 책을 파는 곳은 서점입니다.

② ~~남자는 혼자 영어 공부를 할 겁니다.~~
→ 미국 친구가 한국어를 공부합니다.

④ ~~남자는 미국 친구에게 한국어를 가르칩니다.~~
→ 없는 내용입니다.

Based on the fact that the man is looking for a book to give to a friend, the correct answer is ③.

① The woman works at ~~the library~~.
→ A place that sells books is a bookstore.

② ~~The man will study English by himself~~.
→ The man's American friend studies Korean.

④ ~~The man teaches his American friend Korean~~.
→ This is not mentioned.

• 고르다 to choose
• 팔리다 to sell

20 이 층에는 신발 코너만 있다고 했으므로 여자가 지금 신발 코너에 있다는 것을 알 수 있습니다.

② 여자는 ~~안내 데스크~~를 찾고 있습니다.
→ 가구 코너를 찾고 있습니다

③ ~~안내 데스크~~는 화장실 옆에 있습니다.
→ 엘리베이터가 화장실 옆에 있습니다.

④ 남자는 여자를 엘리베이터까지 ~~안내해 줬습니다~~.
→ 위치만 알려 줬습니다.

Judging from the man's statement that only the shoe section is on this floor, you know the woman is in the shoe section now.

② The woman is looking for ~~the information desk~~.
→ The woman is looking for the furniture section.

③ ~~The information desk~~ is next to the restroom.
→ The elevator is next to the restroom.

④ The man ~~guided~~ the woman to the elevator.
→ The man just informed the woman of the location of the elevator.

• 물어보다 to ask
• 직진(하다) (to go) straight

21 공연 시작 2시간 전까지 공연장에 가서 취소해야 하며 공연은 7시에 시작됩니다. ③번이 정답입니다.

① ~~남자 혼자서 공연을 봅니다~~.
→ 유추할 수 없습니다.

② 공연장과 버스 정류장이 ~~멉니다~~.
→ 정류장이 공연장 바로 앞에 있습니다.

④ 공연 ~~예매~~는 공연장에서만 할 수 있습니다.
→ 환불은 공연장에서만 가능합니다.

Since the man has to cancel his ticket 2 hours before the performance starts, and the performance starts at 7 p.m. The correct answer is ③.

① ~~The man was going to watch the performance alone~~.
→ This cannot be inferred.

② The concert hall and the bus stop are ~~far apart~~.
→ The bus stop is right in front of the concert hall.

④ He can ~~book a ticket~~ only at the concert hall.
→ He can get a refund only at the concert hall.

* N이/가 되다 expresses permission

Ex 교환이 돼요? Can I exchange it?
네, 교환이 돼요. Yes, you can.
아니요, 교환이 안 돼요. No, you can't.

• 예매 reservation, booking
• 환불 refund
• 직접 in person

22 여자는 '병원에 가라'는 남자의 권유에 감기는 쉬면 괜찮아진다고 거절했으므로 ④번 '병원에 가지 않아도 된다'고 생각한다는 것을 알 수 있습니다.

Judging from the fact that the woman brushes off the man's advice that she should go to the hospital, you can infer that the woman thinks that it is okay not to go to the hospital for a cold. Thus, the correct answer is ④.

• 심하다 to be serious
• 푹 쉬다 to rest well

23 여자는 '식비가 적게 들고 건강에 좋다'고 했으므로 ④번 '도시락을 먹으면 좋은 점이 많다'고 생각한다는 것을 알 수 있습니다.

Judging from the woman's statement that a home-packed lunch costs less and is good for her health, you can infer that the woman thinks that eating a home-packed lunch has many benefits.

• 대단하다 to be amazing
• 귀찮다 to be bothersome

24 여자는 우산 서비스 이야기를 듣고 '잘됐네요', '걱정하지 않아도 되겠네요'라고 했으므로 ②번 '서비스가 생겨서 좋다는 것을 알 수 있습니다.

Judging from the woman saying, "잘됐네요. 걱정하지 않아도 되겠네요. (That's good news. I won't have to worry.)," you can infer that the woman is pleased with the umbrella-sharing service. Thus, the correct answer is ②.

* N처럼 expresses that some action or thing appears the same or very similar to the preceding noun.

Ex 아기가 인형처럼 예뻐요. The baby is pretty like a doll.

• 조심하다 to be careful

25 여자는 공연 중에 지켜야 할 몇 가지 사항을 지켜 달라고 부탁하고 있습니다.

The woman is requesting that audience follow several rules that must be adhered to during the performance.

26 공연 후 배우들과 사진을 찍는 시간이 있다고 했으므로 답은 ③번입니다.

① 휴대 전화는 꼭 ~~꺼야 합니다~~.
→ 진동으로 바꿔도 됩니다.

② 휴대 전화는 ~~가지고 들어갈 수 없습니다~~.
→ 가지고 들어갈 수 있습니다.

④ 공연 중에 ~~사진은 찍을 수 있지만~~ 동영상은 찍을 수 없습니다.
→ 사진도 찍을 수 없습니다.

The narrator says that there will be time for photos with actors and actresses after the performance. Thus, the correct answer is ③.

① The audience ~~must turn~~ off their cell phones.
→ It is also okay to put their cell phones on silent mode.

② The audience ~~shouldn't bring~~ their cell phones.
→ It is okay to bring their cell phones.

④ The audience ~~can take pictures~~, but they can't take videos during the performance.
→ Pictures are also not allowed.

• 좌석 seat
• 관람 watching

27 여자는 가방을 사려고 인터넷을 보고 있고 남자는 옆에서 조언해 주고 있으므로 ④번 '인터넷 가방 구매'가 정답입니다.
The woman is searching on the internet to buy carry-on luggage, and the man advises the woman what to buy. Thus, the correct answer is ④.

28 비행기 안(= 기내)에 가지고 탈 가방이 필요하다고 했으므로 답은 ②번입니다.

① ~~물건을 받는 데~~ 7일이 걸립니다.
→ 반품 가능 기간이 7일입니다.

③ ~~구매한~~ 가방이 광고와 달라서 실망했습니다.
→ 구매하지 않았습니다.

④ 반품하려면 ~~우체국에서 상품을 부쳐야~~ 합니다.
→ 배달한 분이 와서 가져갑니다.

The woman needs carry-on luggage. Thus, the correct answer is ②.

① It takes 7 days ~~to get the product~~.
→ The product can be returned within 7 days after purchase.

③ The woman was disappointed with the carry-on luggage she ~~purchased~~ because it was different from the advertisement.
→ The woman hasn't purchased carry-on luggage yet.

④ The woman should send the product ~~from the post office~~ to return it.
→ The person who delivered it will pick it up.

• 구매(하다) (to) purchase
• 반품하다 to return

29 여자가 어제 노트북을 수리했는데, 하루 만에 또 고장 나서 왔다고 했으므로 ①번 '노트북에 문제가 생겨서 왔다'는 것을 알 수 있습니다.
The woman said she came because she had her laptop fixed yesterday, but it is broken again just a day later, so you can infer that ① she came because there is a problem with her laptop.

• 수리하다 to repair
• 화면 screen

30 한 시간이면 충분히 수리할 수 있다고 말했으니까, 2시간 후에 있는 회의 시간 전에 수리해 줄 수 있으므로 답은 ④번입니다.

① 여자는 어제 노트북을 ~~샀습니다~~.
→ 수리했습니다

② 노트북은 ~~어젯밤에~~ 고장이 났습니다.
→ 오전까지 잘 사용했습니다.

③ 노트북을 껐다가 켜면 ~~화면이 나옵니다~~.
→ 화면도 안 나옵니다.

He said an hour is enough time to fix it, so he will fix it before her meeting in 2 hours. Therefore the answer is ④.

① The woman ~~bought her laptop~~ yesterday.
→ She got her laptop repaired.

② The laptop broke ~~yesterday evening~~.
→ She used it fine through this morning.

③ When the laptop is turned off and on again, ~~the screen turns on~~.
→ The screen won't turn on.

읽기 ▶ P. 110~123

31 천 원과 오백 원은 값에 대한 이야기입니다.
"천 원 (1,000 won)" and "오백 원 (500 won)" represent that this is about prices.

32 커피와 녹차는 음료의 종류입니다.
"커피 (coffee)" and "녹차 (green tea)" are "음료 (beverages)."

33 산에 올라가는 것은 등산입니다. 정답은 ③번입니다.
"등산 (mountain climbing)" is the action of going up a mountain. Thus, the correct answer is ③.

34 선물을 받는 대상을 나타내는 '에게'가 명사인 '남자 친구' 뒤에 들어가야 합니다. 그래서 정답은 ②번입니다.
The particle "에게" should be added to the noun "남자 친구 (boyfriend)" who is the recipient of the gift. Thus, the correct answer is ②.

* The particles "에게/한테" are added to nouns which represent people or other living creatures and indicate that the noun is the recipient or target of an action.

• 사람 + 에게/한테 주다 to give to a person

The particles 에게서/한테서 are added to nouns which represent people or other living creatures and indicate the noun is the giver.

• 사람 + 에게서/한테서 받다 to receive from a person

35 사전은 단어의 뜻을 설명한 책입니다.
"사전 (a dictionary)" is a book that has definitions of words.

36 습하고 더울 때는 에어컨을 켭니다. 답은 ②번입니다.
You turn on the air conditioner when it is humid and hot. Thus, the correct answer is ②.

37 '그런데'는 반대 관계의 문장을 연결하는 말입니다.
"그런데 (but)" is a conjunctive adverb that is used when the preceding and following sentences contradict each other.

38 엄마 혼자 청소할 때 같이 하는 것은 '도와드리는' 것입니다.
Since mom is cleaning the house alone, the word "도와드리다 (to help)" is the most appropriate word for the blank.

39 지하철 호선이나 교통수단을 바꿔 타는 것을 '갈아타다'라고 합니다.
Changing subway lines or transportation modes is called "갈아타다 (to transfer)".

40 '토요일, 일요일'은 주말입니다. 주말에는 12~23시까지 일한다고 했으므로 총 11시간 일하는 것입니다.
"토요일 (Saturday)" and "일요일 (Sunday)" make up the "주말 (weekend)." It says that the weekend working hours are from 12 o'clock to 23 o'clock, which means the duration of the weekend working hours is 11 hours.

• 운전면허증 driver's license

41 10월에서 2월까지는 5시까지로 되어 있으므로 1월도 오후 5시까지입니다.
It says that the museum opens at 9 a.m. and closes at 5 p.m. from October to February; therefore, you can infer that the museum closes at 5 p.m. in January.

42 '총'은 모든 값을 더한 것으로 '합계'와 같습니다. 물건값은 합계 12,300원입니다. 13,000원은 처음에 손님이 낸 금액입니다. 정답은 ③번입니다.
"총 (total)" is the sum of all prices and is equivalent to "합계 (sum price)." The item prices are 12,300 won in total. 13,000 is the amount that the customer gave to the cashier at first. Thus, the correct answer is ③.

43 지갑을 찾으러 갔지만 없었다고 했으므로 답은 ②번입니다.

① 지갑을 찾았습니다.
→ 지갑이 없었습니다.

③ 버스 회사에서 일합니다.
→ 없는 내용입니다.

④ 버스 회사에 전화했습니다.
→ 버스 회사에 갔습니다.

The narrator says that they went to the bus company to find their wallet but it wasn't there. Thus, the correct answer is ②.

① I found my wallet.
→ My wallet wasn't at the bus company.

③ I work for a bus company.
→ This is not mentioned.

④ I called the bus company.
→ I went to the bus company.

44 아침에는 택시가 느려서 지하철을 타고 회사에 간다고 했으므로 답은 ③번입니다.

① 낮에는 지하철을 탑니다.
→ 유추할 수 없습니다.

② 낮에는 택시로 회사에 갑니다.
→ 유추할 수 없습니다.

④ 회사가 지하철 역 근처에 있습니다.
→ 없는 내용입니다.

The narrator says that a taxi is slow in the morning due to traffic jams, and they usually go to work by subway. Thus, the correct answer is ③.

① I take the subway during the daytime.
→ This cannot be inferred.

② I go to work by taxi during the daytime.
→ This cannot be inferred.

④ My company is near the subway station.
→ This is not mentioned.

45 평일에 사람이 적은데 다음에는 평일에 갈 거라고 했으므로 답은 ④번입니다.

① 병원은 항상 손님이 많습니다.
→ 평일에는 사람이 적습니다.

② 휴일보다 평일에 사람이 많습니다.
→ 휴일에 사람이 많습니다.

③ 아침 시간에는 오래 기다려야 합니다.
→ 없는 내용입니다.

Judging from the narrator's statement that there are fewer people on weekdays and they will go to the hospital on a weekday, the correct answer is ④.

① The hospital is always busy with people.
→ The hospital has fewer people on weekdays.

② There are more people on weekdays than on holidays.
→ There are more people on holidays than on weekdays.

③ I have to wait for a long time in the morning.
→ This is not mentioned.

46 컴퓨터가 필요해서 전자 상가에 가므로 여자는 ③번 '새 컴퓨터를 살 것'임을 알 수 있습니다.

The narrator says that she needs a new computer and will go to an electronics shopping mall. Therefore, you can infer that she will buy a new computer.

- 오래되다 to be old

47 글쓴이는 한국어를 배우고 싶어서 가르쳐 줄 사람의 전화를 기다리고 있으므로 ①번 '한국어 선생님을 찾고 있다'는 것을 알 수 있습니다.

Based on the fact that the narrator wants to learn Korean and is hoping for a call from someone who can teach them Korean, you can infer that they are looking for a Korean teacher. Thus, the correct answer is ①.

48 글쓴이는 스트레스를 받을 때 사탕이나 초콜릿을 찾는 이유에 대해서 이야기하고 있으므로 ④번이 정답입니다.

The narrator talks about the reason why they look for candy or chocolate when they get stressed out. Thus, the correct answer is ④.

49 운전하면서 전화를 받는 것은 위험합니다. 차를 길옆에 세우는 목적은 위험하지 않기 위해서(= 안전을 위해서)입니다.

Answering the phone while driving is dangerous; therefore, you should pull the car over so that it isn't dangerous (= for one's safety).

* "V-기 위해서" is used when you perform an action for the sake of something or to accomplish something.

Ex 시험에 합격하기 위해서 열심히 공부합니다. I study hard to pass the examination.

50 운전 중에 전화를 받는 경우 사고의 위험이 높다고 했으므로 답은 ③번입니다.

① 차를 길옆에 세우는 것은 ~~위험합니다~~.
→ 길옆에 세우고 전화를 받는 것이 안전합니다.

② ~~운전 중에 전화를 받으면 벌금을 내야 합니다~~.
→ 없는 내용입니다.

④ ~~술을 마시고 운전하는 것이 전화를 받는 것보다 위험합니다~~.
→ 둘 다 위험합니다.

The narrator says that answering the phone while driving creates a high risk for an accident. Thus, the correct answer is ③.

① It is ~~dangerous~~ to pull the car over.
→ It is safe to answer the phone after pulling the car over.

② ~~You must pay a fine for answering the phone while driving~~.
→ This is not mentioned.

④ ~~Drunk driving is more dangerous than answering the phone while driving~~.
→ Both of them are dangerous.

- 졸리다 to be drowsy
- 사고 accident
- 위험 danger
- 세우다 to pull over

51 '삽시다'는 동사입니다. 동사를 꾸며 주는 말은 ②번 부사 '건강하게'입니다.

"삽시다 (let's live)" is a verb and you should, therefore, find an adverb, 건강하게, that modifies the verb 삽시다. Thus, the correct answer is ②.

* "-게" functions as an adverb in a sentence and expresses the purpose, basis, degree, method of, or some thought about the action that follows. It corresponds to "in a … manner" or "-ly" in English. The adverbial form is made by adding "-게" to the stem of an adjective.

Ex 작게 말해요. Please lower your voice.
안 맵게 해 주세요. Please don't make it spicy.

52 좋은 물의 온도, 물을 마시는 시간, 속도는 ②번 '물을 마시는 방법'에 대한 이야기입니다.

The narrator talks about the way to drink water, mentioning the proper temperature of water, when to drink it, and the speed at which you should drink it. Thus, the correct answer is ②.

- 중요하다 to be important
- 나누다 to divide

53 고향에 돌아간 후에 느낄 감정에 대해 추측하는 내용이 들어가야 합니다. 글쓴이는 한국이 고향 같은 곳이라고 말하고 있으므로 ④번 '그리울 것 같습니다.'라고 생각하고 있음을 알 수 있습니다.

You should guess how the narrator will feel about Korea after they go back to their hometown. The narrator says that Korea is like their hometown; therefore, you can infer that the narrator will miss Korea after they go back to their hometown. Thus, the correct answer is ④.

* "-(으)ㄹ 것 같다" is used when one makes a vague supposition about the future.

Ex 떡볶이는 빨개서 매울 것 같아요. *Tteokbokki* might be spicy because it is red. (The narrator hasn't tried tteokbokki before and assumes that it might be spicy due to its color.)

54 지금은 가격도 잘 깎고 김치도 담가 먹는다고 했으므로 답은 ①번입니다.

② 부끄러워서 물건값을 ~~잘 못 깎습니다~~.
→ 잘 깎습니다.

③ ~~어머니께서~~ 반찬 가게에서 일하십니다.
→ 딸이라고 부르지만 어머니는 아닙니다.

④ ~~한국에서 태어나서~~ 외국에서 자랐습니다.
→ 한국에 유학을 왔습니다.

Judging from the narrator's statement that she can cut prices well and make kimchi as well, the correct answer is ①.

② I am ~~too shy to cut prices~~.
→ I can cut prices well.

③ ~~My mother~~ works at the side dish store.
→ The lady at the side dish store calls me "daughter," but she is not my mother.

④ ~~I was born in Korea~~ but raised in a foreign country.
→ I came to Korea to study.

• 서투르다 to be bad at
• 서운하다 to feel sorry

55 (㉠) 뒤의 문장은 추가 설명이므로 나열 관계를 나타내는 ③번 '그리고'가 들어가야 합니다.
The sentence after ㉠ is additional explanation; therefore, ③ "그리고" which connects two sentences with similar content, should be used.

56 거리에 따라서 요금을 계산한다고 했으므로 답은 ②번입니다.
① 음식을 ~~배달한 후~~에 계산합니다.
→ 배달 전에
③ '부탁해요'는 ~~음식 배달~~ 서비스입니다.
→ 꽃, 물건, 서류도 배달합니다.
④ ~~서비스 시간~~에 따라서 요금을 계산합니다.
→ 이동 거리와 종류
Based on the narrator's statement, customers are charged based on the delivery distances. Thus, the correct answer is ②.
① A customer pays ~~after food is delivered~~.
→ A customer pays before food is delivered.
③ "Butakhaeyo" is a ~~food delivery~~ service.
→ "Butakhaeyo" delivers flowers, goods, and documents as well.
④ The service charges customers depending on the ~~service time~~.
→ The service charges customers depending on the delivery distances and service types.
• N에 따라서 depending on N
Ex 피자 크기에 따라서 가격이 다릅니다. Prices differ depending on the size of the pizza.
• 이동 거리 travel distance

57 선택지 ①, ②, ③, ④ 모두 (가)로 시작합니다. 이 글은 에어컨을 오랫동안 사용하는 것에 대한 단점을 보여 주고 있으므로, (다)는 (가) 다음에 이어져야 합니다. (라)의 내용은 (나)가 다음 문장으로 와야만 완전한 문장이 될 수 있기 때문에 (라) 다음에는 (나)가 옵니다. 따라서 정답은 ①번입니다.
All the choices start with (가). Since the reading passage is about the disadvantages of using an air conditioner for a long time, (다) should come after (가). (나) should come after (라) because (라) can be a complete sentence only when (나) follows. Thus, the correct answer is ①.

58 선택지 ①, ②, ③, ④ 모두 (나)로 시작합니다. (다)는 (라)의 이유이므로, 꼭 (다) 다음에 (라)가 나와야 합니다. 또한 (가)는 화자의 결론을 내리는 문장이므로 맨 마지막에 와야 합니다. 따라서 정답은 ②번입니다.
All the choices start from (나). (라) should come after (다) because (다) is the reason for (라) and (가) should come last because it is the sentence in which the narrator makes a conclusion. Thus, the correct answer is ②.
• 불편하다 to be uncomfortable

59 이 문장은 점심시간에 대한 문장이고 ㉣ 뒤의 '이 시간'은 앞에서 말한 시간을 다시 말하는 것인데 문장의 앞쪽에서 구체적인 시간이 언급되지 않았으므로 ㉣에 들어가야 합니다.
This sentence is about "점심시간 (lunch time)." and "이 시간 (this hour)" after (㉣) restates the time that is mentioned previously. However, the specific time is not mentioned in the front of the sentence; therefore, it should be placed in (㉣).

60 기본 한 시간 동안 잘 수 있는데 추가 요금을 내면 더 있을 수 있다고 했으므로 답은 ②번입니다.
① ~~혼자만 들어갈 수 있습니다~~.
→ 없는 내용입니다.
③ 이용하기 전에 ~~항상~~ 예약을 해야 합니다.
→ 점심시간처럼 붐비는 시간에는 예약이 필요합니다.
④ 카페에는 넓은 ~~침대가~~ 준비되어 있습니다.
→ 침대 같은 소파가 준비되어 있습니다.
The narrator says that you can sleep for an hour but can stay longer if you pay an extra charge. Thus, the correct answer is ②.
① ~~You can only enter alone~~.
→ This is not mentioned.
③ You should ~~always make a reservation~~ to use the cafe.
→ You should make a reservation to use the cafe at a busy hour like lunch time.
④ There are ~~big beds~~ ready a "nap cafe."
→ There are big sofas like beds ready at a "nap cafe."
• 추가 요금 extra charge

61 ㉠ 뒤에서 동료가 규칙을 설명해 줬다고 했으므로 ㉠에는 지루한 원인인 ③번 규칙을 '이해하지 못해서'가 들어가야 합니다.
The narrator said that their colleague explained the rules after ㉠. Thus, the reason why the narrator was bored, ③ "이해하지 못해서 (they couldn't understand)" the rules, should be used.

62 동료가 옆에서 설명해 줬다고 했으므로 ①번이 답입니다.
② ~~동료들은 야구장에 자주 갑니다~~.
→ 없는 내용입니다.
③ ~~팀의 이름이~~ 있는 티셔츠를 샀습니다.
→ 선수의 이름이 있는 티셔츠를 샀습니다.
④ ~~첫 번째 게임은 응원한 팀이 졌습니다~~.
→ 응원한 팀이 이겼다고 했습니다.
The narrator says the colleague sitting next to them explained the rules. Thus, the correct answer is ①.
② ~~The colleagues often go to a baseball stadium~~.
→ This is not mentioned.
③ I bought a T-shirt with ~~the name of the team~~ on it.
→ I bought a T-shirt with a famous player's name on it.
④ The team that I cheered ~~for lost the first game~~.
→ The team that I cheered for won the game.
• 규칙 rule
• 응원하다 to cheer

63 주민들이 물건을 내야 바자회를 할 수 있습니다. 참여를 부탁하려고 이 글을 썼습니다.

Judging from the narrator's statement, you can infer that the narrator is encouraging residents to participate because they can hold a bazaar only if residents bring things to the community service center.

64 5일까지 물건들을 주민 센터로 가지고 오시면 정리한다고 했으므로 답은 ②번입니다.

① ~~10일부터 3일간~~ 안 쓰는 물건을 받습니다.
→ 10월 5일까지 물건을 받습니다.

③ 안 쓰는 물건을 가지고 오면 ~~다른 물건으로 바꿔 줍니다~~.
→ 모아서 판매합니다.

④ ~~주민 센터의 물건을~~ 팔아서 새 책을 구매하려고 합니다.
→ 주민들의 물건을 팝니다.

The narrator says that they will arrange things neatly if residents bring things that they don't use by Oct. 5. Thus, the correct answer is ②.

① They are accepting things that residents don't use for ~~3 days starting on Oct. 10.~~
→ They are accepting things until Oct. 5.

③ They ~~trade~~ things that residents bring ~~for other things~~.
→ They gather things that residents bring and sell them.

④ They plan to ~~sell things that are in the community service center~~ to purchase new books.
→ They plan to sell the things that residents bring.

• 바자회 bazaar
• 판매하다 to sell

65 사람들의 생각을 바꾸려고 '즐길 수 있는' 프로그램을 다양하게 준비했으므로 ㉠에는 반대되는 '재미없다'가 들어가는 것이 제일 자연스럽습니다.

Bukchon Tradition Museum perpares various "즐길 수 있는 (enjoyable)" programs to change people's thinking about museums; therefore, you can infer that people think museums are "재미없다 (boring)."

66 사람들의 생각을 바꾸려는 노력의 예로 활동에 대해 설명하고 있으므로 답은 ④번입니다.

① 활동은 ~~중학생부터~~ 할 수 있습니다.
→ 아이부터 어른까지 참가할 수 있습니다.

② ~~입장 하루 전날만~~ 신청을 받습니다.
→ 하루 전까지 신청을 받습니다.

③ ~~인터넷 신청자만~~ 입장료가 할인됩니다.
→ 모든 사람의 입장료는 무료입니다.

The narrator explains a program as an example of their endeavor to change people's thinking. Thus, the correct answer is ④.

① ~~Middle school students and above~~ can attend the program.
→ Children to adults can attend the program.

② Applications are accepted ~~only on the day before the visit~~.
→ Applications are accepted until a day before the visit.

③ ~~Visitors who apply online~~ can get a discount.
→ Admission is free for everyone who applies online.

67 '보다'는 비교의 대상이 되는 말에 붙어 '에 비해서'의 뜻을 나타냅니다. 나이가 적은 사람의 비교 대상은 ① 나이가 많은 사람입니다.

"보다 (than)" is used with a target of comparison and has the meaning of "에 비해서 (compared with …)." A target of comparison for a younger person is an older person. Thus, the correct answer is ①.

68 어른이 물을 주실 때는 두 손으로 받아야 한다고 했으므로 답은 ③번입니다.

① 밥그릇은 ~~들고~~ 먹습니다.
→ 상 위에 놓고

② 식사가 끝나면 ~~먼저 일어나야 합니다~~.
→ 어른의 식사가 끝날 때까지 기다려야 합니다.

④ ~~물은 한 손으로 받고 술을 두 손으로~~ 받아야 합니다.
→ 물과 술 모두 두 손으로

The narrator says that a younger person should hold the glass with both hands when an older person offers water. Thus, the correct answer is ③.

① You should ~~hold your rice bowl~~ when eating.
→ You should put your rice bowl on the dinner table when eating.

② You should ~~leave the dinner table first~~ when you finish your meal.
→ You should wait for an older person to finish their meal.

④ ~~When an older person offers you water, you should hold your glasscup with one hand. When an older person offers you alcohol, you should hold your glasscup with both hands.~~
→ When an older person offers you water or alcohol, you should hold the glass with both hands.

• 어른 elder
• 경우 case

69 월급은 비슷한데 가격이 오르니까 쓰는 돈을 줄여야 합니다. 돈을 함부로 쓰지 않는다는 뜻의 ③번 '아껴 쓰다'가 정답입니다.

Since the salary is similar but living costs go up, they should reduce the amount of money they spend. ③, "아껴 쓰다 (to use their money sparingly)," which means to not spend money recklessly, is the correct answer.

70 쓰레기가 덜 나온다고 했으므로 1인분 포장 재료를 쓴 후에 음식을 덜 남기는 것을 알 수 있습니다.

① ~~친구와~~ 생활비를 나눠서 냅니다.
→ 혼자 살고 있습니다.

② 이 사람은 돈을 많이 ~~모았습니다~~.
→ 모으기가 어렵습니다.

③ ~~이 사람의 월급은~~ 매년 오릅니다.
→ 물건의 가격이 매년 오릅니다.

Since the narrator says that there is less food waste after using food ingredients that are packed for one person, you can infer that there is less leftover food.

① I share living costs ~~with my friend~~.
→ I live alone.

② I ~~saved a lot of money~~.
→ I have a hard time saving money.

③ ~~Their salary~~ goes up every year.
→ Living costs go up every year.

• 오르다 to rise, to go up
• 아끼다 to save

연습용 **한국어능력시험**

TOPIK I

듣기, 읽기

성 명 (Name)	한 국 어 (Korean)	
	영 어 (English)	

수		험		번	호					
					7					
0	0	0	0	0		0	0	0	0	0	0
1	1	1	1	1		1	1	1	1	1	1
2	2	2	2	2		2	2	2	2	2	2
3	3	3	3	3		3	3	3	3	3	3
4	4	4	4	4		4	4	4	4	4	4
5	5	5	5	5		5	5	5	5	5	5
6	6	6	6	6		6	6	6	6	6	6
7	7	7	7	7	●	7	7	7	7	7	7
8	8	8	8	8		8	8	8	8	8	8
9	9	9	9	9		9	9	9	9	9	9

문제지 유형 (Type)	
홀수형 (Odd number type)	○
짝수형 (Even number type)	○

※결 시 확인란	결시자의 영어 성명 및 수험번호 기재 후 표기	○

※ 위 사항을 지키지 않아 발생하는 불이익은 응시자에게 있습니다.

※감독관 확 인	본인 및 수험번호 표기가 정확한지 확인	(인)

번호	답			란	번호	답			란	번호	답			란	번호	답			란
1	①	②	③	④	21	①	②	③	④	41	①	②	③	④	61	①	②	③	④
2	①	②	③	④	22	①	②	③	④	42	①	②	③	④	62	①	②	③	④
3	①	②	③	④	23	①	②	③	④	43	①	②	③	④	63	①	②	③	④
4	①	②	③	④	24	①	②	③	④	44	①	②	③	④	64	①	②	③	④
5	①	②	③	④	25	①	②	③	④	45	①	②	③	④	65	①	②	③	④
6	①	②	③	④	26	①	②	③	④	46	①	②	③	④	66	①	②	③	④
7	①	②	③	④	27	①	②	③	④	47	①	②	③	④	67	①	②	③	④
8	①	②	③	④	28	①	②	③	④	48	①	②	③	④	68	①	②	③	④
9	①	②	③	④	29	①	②	③	④	49	①	②	③	④	69	①	②	③	④
10	①	②	③	④	30	①	②	③	④	50	①	②	③	④	70	①	②	③	④
11	①	②	③	④	31	①	②	③	④	51	①	②	③	④					
12	①	②	③	④	32	①	②	③	④	52	①	②	③	④					
13	①	②	③	④	33	①	②	③	④	53	①	②	③	④					
14	①	②	③	④	34	①	②	③	④	54	①	②	③	④					
15	①	②	③	④	35	①	②	③	④	55	①	②	③	④					
16	①	②	③	④	36	①	②	③	④	56	①	②	③	④					
17	①	②	③	④	37	①	②	③	④	57	①	②	③	④					
18	①	②	③	④	38	①	②	③	④	58	①	②	③	④					
19	①	②	③	④	39	①	②	③	④	59	①	②	③	④					
20	①	②	③	④	40	①	②	③	④	60	①	②	③	④					

연습용 **한국어능력시험**

TOPIK I

듣기, 읽기

성 명 (Name)	한 국 어 (Korean)	
	영 어 (English)	

수 험 번 호										
					7					
⓪	⓪	⓪	⓪	⓪		⓪	⓪	⓪	⓪	⓪
①	①	①	①	①		①	①	①	①	①
②	②	②	②	②		②	②	②	②	②
③	③	③	③	③		③	③	③	③	③
④	④	④	④	④		④	④	④	④	④
⑤	⑤	⑤	⑤	⑤		⑤	⑤	⑤	⑤	⑤
⑥	⑥	⑥	⑥	⑥		⑥	⑥	⑥	⑥	⑥
⑦	⑦	⑦	⑦	⑦	●	⑦	⑦	⑦	⑦	⑦
⑧	⑧	⑧	⑧	⑧		⑧	⑧	⑧	⑧	⑧
⑨	⑨	⑨	⑨	⑨		⑨	⑨	⑨	⑨	⑨

문제지 유형 (Type)	
홀수형 (Odd number type)	○
짝수형 (Even number type)	○

※결 시 확인란	결시자의 영어 성명 및 수험번호 기재 후 표기	○

※ 위 사항을 지키지 않아 발생하는 불이익은 응시자에게 있습니다.

※감독관 확 인	본인 및 수험번호 표기가 정확한지 확인	(인)

번호	답 란				번호	답 란				번호	답 란				번호	답 란			
1	①	②	③	④	21	①	②	③	④	41	①	②	③	④	61	①	②	③	④
2	①	②	③	④	22	①	②	③	④	42	①	②	③	④	62	①	②	③	④
3	①	②	③	④	23	①	②	③	④	43	①	②	③	④	63	①	②	③	④
4	①	②	③	④	24	①	②	③	④	44	①	②	③	④	64	①	②	③	④
5	①	②	③	④	25	①	②	③	④	45	①	②	③	④	65	①	②	③	④
6	①	②	③	④	26	①	②	③	④	46	①	②	③	④	66	①	②	③	④
7	①	②	③	④	27	①	②	③	④	47	①	②	③	④	67	①	②	③	④
8	①	②	③	④	28	①	②	③	④	48	①	②	③	④	68	①	②	③	④
9	①	②	③	④	29	①	②	③	④	49	①	②	③	④	69	①	②	③	④
10	①	②	③	④	30	①	②	③	④	50	①	②	③	④	70	①	②	③	④
11	①	②	③	④	31	①	②	③	④	51	①	②	③	④					
12	①	②	③	④	32	①	②	③	④	52	①	②	③	④					
13	①	②	③	④	33	①	②	③	④	53	①	②	③	④					
14	①	②	③	④	34	①	②	③	④	54	①	②	③	④					
15	①	②	③	④	35	①	②	③	④	55	①	②	③	④					
16	①	②	③	④	36	①	②	③	④	56	①	②	③	④					
17	①	②	③	④	37	①	②	③	④	57	①	②	③	④					
18	①	②	③	④	38	①	②	③	④	58	①	②	③	④					
19	①	②	③	④	39	①	②	③	④	59	①	②	③	④					
20	①	②	③	④	40	①	②	③	④	60	①	②	③	④					

연습용 한국어능력시험

TOPIK Ⅰ

듣기, 읽기

성 명 (Name)	한 국 어 (Korean)	
	영 어 (English)	

수	험	번	호								
					7						
0	0	0	0	0		0	0	0	0	0	0
1	1	1	1	1		1	1	1	1	1	1
2	2	2	2	2		2	2	2	2	2	2
3	3	3	3	3		3	3	3	3	3	3
4	4	4	4	4		4	4	4	4	4	4
5	5	5	5	5		5	5	5	5	5	5
6	6	6	6	6		6	6	6	6	6	6
7	7	7	7	7	●	7	7	7	7	7	7
8	8	8	8	8		8	8	8	8	8	8
9	9	9	9	9		9	9	9	9	9	9

문제지 유형 (Type)	
홀수형 (Odd number type)	○
짝수형 (Even number type)	○

※결 시 확인란	결시자의 영어 성명 및 수험번호 기재 후 표기	○

※ 위 사항을 지키지 않아 발생하는 불이익은 응시자에게 있습니다.

※감독관 확 인	본인 및 수험번호 표기가 정확한지 확인	(인)

번호	답		란	
1	①	②	③	④
2	①	②	③	④
3	①	②	③	④
4	①	②	③	④
5	①	②	③	④
6	①	②	③	④
7	①	②	③	④
8	①	②	③	④
9	①	②	③	④
10	①	②	③	④
11	①	②	③	④
12	①	②	③	④
13	①	②	③	④
14	①	②	③	④
15	①	②	③	④
16	①	②	③	④
17	①	②	③	④
18	①	②	③	④
19	①	②	③	④
20	①	②	③	④

번호	답		란	
21	①	②	③	④
22	①	②	③	④
23	①	②	③	④
24	①	②	③	④
25	①	②	③	④
26	①	②	③	④
27	①	②	③	④
28	①	②	③	④
29	①	②	③	④
30	①	②	③	④
31	①	②	③	④
32	①	②	③	④
33	①	②	③	④
34	①	②	③	④
35	①	②	③	④
36	①	②	③	④
37	①	②	③	④
38	①	②	③	④
39	①	②	③	④
40	①	②	③	④

번호	답		란	
41	①	②	③	④
42	①	②	③	④
43	①	②	③	④
44	①	②	③	④
45	①	②	③	④
46	①	②	③	④
47	①	②	③	④
48	①	②	③	④
49	①	②	③	④
50	①	②	③	④
51	①	②	③	④
52	①	②	③	④
53	①	②	③	④
54	①	②	③	④
55	①	②	③	④
56	①	②	③	④
57	①	②	③	④
58	①	②	③	④
59	①	②	③	④
60	①	②	③	④

번호	답		란	
61	①	②	③	④
62	①	②	③	④
63	①	②	③	④
64	①	②	③	④
65	①	②	③	④
66	①	②	③	④
67	①	②	③	④
68	①	②	③	④
69	①	②	③	④
70	①	②	③	④